essentials

Essentials liefern aktuelles Wissen in konzentrierter Form. Die Essenz dessen, worauf es als „State-of-the-Art" in der gegenwärtigen Fachdiskussion oder in der Praxis ankommt. *Essentials* informieren schnell, unkompliziert und verständlich

- als Einführung in ein aktuelles Thema aus Ihrem Fachgebiet
- als Einstieg in ein für Sie noch unbekanntes Themenfeld
- als Einblick, um zum Thema mitreden zu können

Die Bücher in elektronischer und gedruckter Form bringen das Fachwissen von Springerautor*innen kompakt zur Darstellung. Sie sind besonders für die Nutzung als eBook auf Tablet-PCs, eBook-Readern und Smartphones geeignet. *Essentials* sind Wissensbausteine aus den Wirtschafts-, Sozial- und Geisteswissenschaften, aus Technik und Naturwissenschaften sowie aus Medizin, Psychologie und Gesundheitsberufen. Von renommierten Autor*innen aller Springer-Verlagsmarken.

Markus H. Dahm · Florin A. Adams

Burnout im sozialen Sektor erkennen, verhindern und achtsam führen

Springer VS

Markus H. Dahm (ID)
Wirtschaft & Management, FOM Hochschule
Hamburg, Hamburg, Deutschland

Florin A. Adams
Hamburg, Deutschland

ISSN 2197-6708   ISSN 2197-6716   (electronic)
essentials
ISBN 978-3-658-50284-3   ISBN 978-3-658-50285-0   (eBook)
https://doi.org/10.1007/978-3-658-50285-0

Die Deutsche Nationalbibliothek verzeichnet diese Publikation in der Deutschen Nationalbibliografie; detaillierte bibliografische Daten sind im Internet über https://portal.dnb.de abrufbar.

Springer VS ist ein Imprint der eingetragenen Gesellschaft Springer Fachmedien Wiesbaden GmbH und ist ein Teil von Springer Nature.
Die Anschrift der Gesellschaft ist: Abraham-Lincoln-Str. 46, 65189 Wiesbaden, Germany

Was Sie in diesem *essential* finden können

- Ein Verständnis dafür, wie Burnout entsteht – besonders im sozialen Sektor, wo Engagement, Verantwortung und Erschöpfung oft dicht beieinanderliegen.
- Eine klare Analyse zentraler Belastungsfaktoren und struktureller Rahmenbedingungen, die das Risiko psychischer Erschöpfung erhöhen.
- Ein Blick auf die psychologischen und medizinischen Zusammenhänge von Stress, Überforderung und Resilienz – verständlich erklärt und praxisnah eingeordnet.
- Ein Bewusstsein für den schleichenden Prozess des Burnouts, seine typischen Phasen und die frühen Warnsignale, die Führungskräfte und Teams kennen sollten.
- Praktische Werkzeuge und Leitfäden für Führungskräfte, um Burnout vorzubeugen, rechtzeitig zu erkennen und konstruktiv gegenzusteuern.
- Anregungen für eine gesunde, achtsame Führungskultur, die Wertschätzung, Selbstfürsorge und Menschlichkeit im beruflichen Alltag verankert.
- Fallbeispiele aus der Praxis, die verdeutlichen, wie Überlastung entsteht – und was hilft, sie in Balance zu bringen.
- Impulse für nachhaltige Veränderung, um soziale Arbeit wirksam, gesund und mit neuer innerer Klarheit zu gestalten.

Vorwort

In einer Arbeitswelt, die zunehmend komplexer, schneller und verdichteter wird, geraten viele Fach- und Führungskräfte unter Druck. Besonders in sozialen, beratenden und pädagogischen Kontexten sind Engagement und Belastung oft nur einen schmalen Grat voneinander entfernt. Wer anderen Menschen professionell zur Seite steht, braucht nicht nur Fachwissen – sondern auch ein feines Gespür für eigene Grenzen und für das, was in Teams unausgesprochen mitschwingt.

Dieses Buch richtet sich an alle, die Verantwortung für Menschen tragen – ob in der Rolle als Führungskraft, Teamleitung, Supervisor oder erfahrene Fachkraft. Es will ein Begleiter sein für jene Momente, in denen man spürt: „Irgendetwas kippt hier – in mir selbst oder im Miteinander." Und es will Mut machen, genauer hinzuschauen, anzusprechen, was sonst leicht übersehen wird – und so rechtzeitig gegenzusteuern.

Anhand kompakter Analysen, praxisnaher Werkzeuge und lebendiger Beispiele möchten wir Wege aufzeigen, wie Führung wirkungsvoll, menschlich und achtsam gestaltet werden kann. Es geht nicht um Patentrezepte – sondern um Haltungen, die helfen, gesund zu führen und gemeinsam tragfähige Arbeitskulturen zu schaffen.

Wir wünschen Ihnen eine erkenntnisreiche Lektüre – und vielleicht den einen oder anderen neuen Gedanken, der bleibt.

Hamburg   Markus Hendrik Dahm
Herbst 2025   Florin Alexander Adams

Competing Interests Die Autor*innen haben keine für den Inhalt dieses Manuskripts relevanten Interessenkonflikte.

Inhaltsverzeichnis

Prof. Dr. Markus Hendrik Dahm, Dipl.-Kfm. und MBA begleitet als Berater und Coach seit 30 Jahren Organisationen verschiedener Größe und Ausrichtung in Strategie-, Transformations- und Change-Management-Prozessen. Er ist zudem Professor an der FOM Hochschule für Oekonomie & Management in Hamburg und lehrt und forscht zu den Themen organisationale und digitale Transformation, Future Leadership und Mindfulness. Er publiziert regelmäßig zu aktuellen Management- und Leadership-Fragestellungen in Fachzeitschriften und Online-Medien. Markus Dahm ist Autor und Herausgeber zahlreicher Bücher in den Themenfeldern strategisches Management, Digitalisierung, organisationale Transformation und Prozessmanagement.

Florin Alexander Adams, absolvierte ein Studium der Sozialen Arbeit (B.A.) Er widmete sich stark der Erforschung des Zusammenhangs von Burnout und Stress in sozialen Berufen. Heute ist er in Hamburg als Projektmanager tätig.

Einleitung 1

In einer Welt, die immer turbulenter und hektischer wird, gewinnen die Themen Burnout, arbeitsbedingter Stress und Überbelastung immer mehr an Bedeutung. Personen in unserem Umkreis oder wir selbst sind mit steigenden Anforderungen und einer hohen Arbeitsbelastung konfrontiert. Besonders in den helfenden Berufen, wie der Sozialen Arbeit, kristallisieren sich die Zustände als besorgniserregend heraus.

Täglicher Kontakt zu Menschen in schwierigen Lebenslagen und hohe emotionale Anforderungen gehören dabei zum Arbeitsalltag und Sozialarbeitende sind sehr häufig mit komplizierten Fällen beschäftigt, bei denen keine Besserung in Sicht ist. Dies stellt eine immense psychische Belastung dar und geht früher oder später an die Substanz. Erschwerend hinzu kommt, dass der soziale Sektor von unzureichenden Ressourcen und begrenzten finanziellen Mitteln geprägt ist.

Führungskräfte haben daher eine besondere Verantwortung und einen großen Einfluss auf das Betriebsklima. Sie sind in der Verantwortung, eine Arbeitsumgebung zu schaffen, in der sich alle Mitarbeitenden wohlfühlen, ausgeglichen sind und niemand eine Überbelastung empfindet. Am sinnvollsten ist es, Vorbeugung zu betreiben und die Resilienz aller zu stärken. Eine Studie des Max-Planck-Instituts für Psychiatrie (2015, 21) bestätigt, dass eine toxische Arbeitsumgebung die Entstehung von Depressionen und Burnout fördert. Die Frage ist, wie sich eine negative Arbeitsumgebung überhaupt erst entwickelt und welche Rolle Führungskräfte dabei spielen.

M. H. Dahm und F. A. Adams, *Burnout im sozialen Sektor erkennen, verhindern und achtsam führen*, essentials, https://doi.org/10.1007/978-3-658-50285-0_1

Die bisherige Forschung deutet darauf hin, dass die Arbeitsbedingungen im sozialen Bereich von Stress und hohen Anforderungen geprägt sind und das Burnout-Risiko als hoch eingestuft wird. (vgl. Meyer/Alsago 2023a; Zoike 2010, 69). Präventive Maßnahmen und eine unterstützende Führungskultur sind dabei wesentliche Elemente zur Verringerung des Burnout-Risikos. (vgl. Burisch 2014, 216; Scherrmann 2017, 32).

Warum haben Sozialarbeitende überhaupt ein besonders hohes Stresspotential? Im Mittelpunkt stehen dabei eine hohe emotionale Beanspruchung, der Fachkräftemangel und die erhöhte Arbeitsbelastung.

2.1 Stressprofile in den Feldern der Sozialen Arbeit

Die Arbeitsfelder von Sozialarbeitenden sind vielfältig und beinhalten zahlreiche Tätigkeitsbereiche, wobei jeder Bereich unterschiedliche Anforderungen mit sich bringt.

Zu den Kernaufgaben gehören unter anderem die Unterstützung von Menschen in sozialer Not, wie z. B. in der Kinder- und Jugendhilfe sowie die sozialräumliche Verbesserung in der Gemeinwesen- und Stadtteilarbeit.

Sozialarbeitende beraten auch Unternehmen zum Thema Betriebliches Gesundheitsmanagement. Dabei geht es nicht nur um klassische Maßnahmen wie Rückenschulen oder Stressprävention, sondern auch darum, ein gesundes Arbeitsumfeld zu gestalten, in dem Teilhabe und ein wertschätzendes Miteinander selbstverständlich sind. In sozialen Einrichtungen können dies z. B. gemeinsame Sportangebote, kreative Workshops oder Begegnungsprojekte sein.

Gleichzeitig setzen sich Sozialarbeitende für die Interessen benachteiligter Gruppen ein, indem sie innovative Projekte betreuen und begleiten, welche die Lebensbedingungen verbessern sollen. Beispiele hierfür sind barrierefreie Bewegungsprogramme für Menschen mit Behinderung, Sprachcafés zur Förderung von Integration oder generationenübergreifende Aktivitäten, die Einsamkeit im Alter vorbeugen.

3

M. H. Dahm und F. A. Adams, *Burnout im sozialen Sektor erkennen, verhindern und achtsam führen*, essentials, https://doi.org/10.1007/978-3-658-50285-0_2

Sozialarbeitende in der Kinder- und Jugendhilfe stehen unter besonders starkem Druck, da sie nicht nur den Ansprüchen an sich selbst, sondern auch den Bedürfnissen von Kindern, Jugendlichen und Eltern gerecht werden müssen.

Die Kinder und Jugendlichen erwarten dabei vor allem eine Person, auf die sie sich verlassen können und suchen emotionale Unterstützung, Schutz und Orientierung. Viele wünschen sich eine stabile Bezugsperson, die sie ernst nimmt, ihnen Sicherheit vermittelt und sie in ihrer Entwicklung begleitet.

Eltern wiederum haben oft vor allem den Wunsch nach Entlastung, Beratung und Unterstützung im Alltag. Sie hoffen dabei, dass Fachkräfte ihnen bei Erziehungsfragen zur Seite stehen, Konflikte moderieren oder Zugänge zu Hilfsangeboten eröffnen.

Gleichzeitig tragen auch die Sozialarbeitenden selbst verschiedenste Bedürfnisse in sich. Sie wünschen sich klare Strukturen, realistische Fallzahlen, fachliche Anerkennung und Möglichkeiten zur Selbstfürsorge, um langfristig gesund arbeiten zu können.

Hinzu kommen die staatlichen Vorgaben und Anforderungen der Träger und Institutionen. Maßgeblicher Auslöser für die Erhöhung des Drucks, war die Einführung des § 8a SGB VIII, der den Schutzauftrag bei Kindeswohlgefährdung regelt. Der Druck auf die Fachkräfte stieg dadurch weiter an, nachdem die Kinder- und Jugendhilfe durch besonders schwere Fälle von Kindeswohlgefährdung und Vernachlässigung in der Kritik stand und für Fehlentwicklungen verantwortlich gemacht wurde.

Prominente Beispiele sind unter anderem der Fall des zweijährigen Kevin aus Bremen (2006), der trotz vieler Warnsignale nicht geschützt wurde und schließlich in der Obhut seines Vaters zu Tode kam, sowie der Tod der elfjährigen Chantal aus Hamburg (2012), die in einer drogenabhängigen Pflegefamilie unterkam und an einer Methadonvergiftung starb. Beide Fälle lösten eine Debatte aus, in der die Jugendhilfe massiver Kritik ausgesetzt war. Dabei wurden mangelhafte Kontrolle, Transparenz und Ressourcen beklagt.

Die Einschätzung der Gefährdung des Kindeswohls ist eine Aufgabe, bei der keine Fehler unterlaufen dürfen. Fachkräfte müssen bewerten, ob eine akute Gefährdungslage vorliegt und ob ein schnelles Eingreifen, z. B. in Fällen von Misshandlungen, Vernachlässigung oder sexuellem Missbrauch, erforderlich ist. Bei generell sehr hohen Fallzahlen wundert es nicht, dass Sozialarbeitende unter Druck stehen, um sich beim hohen Arbeitsvolumen keine Fehler zu erlauben und alle Hinweise auf eine Gefährdung schnell zu erkennen.

Erschwerend hinzu kommt die Verpflichtung zur Gefährdungsabwehr („staatliches Wächteramt"). Konkret bedeutet dies, dass Sozialarbeitende bei groben

Fehlern mit Sanktionen oder Strafen rechnen und sich unter Umständen auch vor Gericht verantworten müssen.

Die Arbeit im sozialen Bereich gilt nicht nur als belastend, sondern auch als schlecht bezahlt, was zur Folge hat, dass viele Stellen unbesetzt bleiben. Laut Lohnspiegel.de verdienen Sozialarbeitende nach fünf Jahren Berufserfahrung im Median rund 3800 € brutto im Monat (45.600 € jährlich). Beschäftigte mit Hochschulabschluss in der freien Wirtschaft kommen nach fünf Jahren hingegen je nach Beruf auf etwa 5000 € brutto und mehr im Monat (60.000 € jährlich). Diese Diskrepanz verdeutlicht, dass die finanzielle Anerkennung in der Sozialen Arbeit nicht im Verhältnis zur Verantwortung und Belastung steht. In der Privatwirtschaft besteht deutlich mehr Luft nach oben. Angestellte erreichen nicht selten Gehälter von 100.000 € und mehr jährlich, ohne selbst eine Führungsposition zu bekleiden.

Trotz des hohen Drucks müssen Fachkräfte vor allem im betreuten Wohnen, der Jugendsozialarbeit oder mobiler Jugendarbeit viel Empathie zeigen und sich die Zeit nehmen, um eine vertrauensvolle Beziehung zu den Jugendlichen aufzubauen.

Stress- und emotionsbehaftet ist ebenfalls die Arbeit mit Suchtkranken. Sozialarbeitende in der Suchthilfe betreuen und beraten Menschen mit schweren Suchterkrankungen, was mit vielen emotionalen und belastenden Situationen verbunden ist. Es ist wichtig, sich professionell abzugrenzen und das richtige Nähe-und-Distanz-Verhältnis zu wahren. Sozialarbeitende wahren dabei Nähe und Empathie, ohne sich von den Problemen der Hilfesuchenden vereinnahmen zu lassen. Ziel muss es sein, handlungsfähig zu bleiben und die eigene Gesundheit zu schützen. Dies setzt eine sorgfältige Ausbildung voraus, welches jedoch im Widerspruch mit der Realität steht, da die Ausbildung in der Suchberatung vernachlässigt wird. Der suchtspezifische Anteil nimmt vor allem im Studium der Sozialen Arbeit schlichtweg zu wenig Zeit in Anspruch und bereitet die Fachkräfte schlecht auf die Arbeit in dem komplexen Arbeitsfeld vor.

Grundlegende Anforderungen an Sozialarbeitende

Fachliche Kompetenz:
Rechtliche Rahmenbedingungen (Sozialrecht), Pädagogik und Psychologie.
Dokumentation & Verwaltung:
Sorgfältige Fallführung, Berichte für Gerichte und Behörden, Anträge
Kommunikationsfähigkeit:
Gespräche mit Kindern, Jugendlichen, Eltern, Schulen, Jugendämtern und anderen Institutionen

Konflikt- und Krisenbewältigung:
Deeskalation, Mediation, Notfallintervention bei akuten Gefährdungslagen
Empathie & Beziehungsarbeit:
Aufbau von Vertrauen und tragfähigen Kontakten trotz schwieriger Umstände
Vernetzung & Kooperation:
Zusammenarbeit mit Kooperationspartnern, Schulen, Ärzten, Psychologen, Polizei und Gerichten
Professionelle Abgrenzung:
Unterstützung anbieten, ohne die eigenen Grenzen zu überschreiten.

Zusätzlich zu den grundlegenden Anforderungen sind die Sozialarbeitenden mit einer hohen Arbeitsbelastung konfrontiert, da der gesamte Sektor weitgehend unterfinanziert ist (vgl. DHS 2023). Die Fachkräfte sind täglich für die Betreuung zu vieler Klientinnen und Klienten verantwortlich und jeder Fall ist dabei individuell und benötigt eine individuelle Herangehensweise.

Die Situation wird noch gravierender, wenn man sie aus der Sicht der Betroffenen sieht, da die Kombination aus hohen Fallzahlen und unzureichenden personellen Ressourcen die Konsequenz hat, dass viele Betroffene von Sucht oft sehr lange auf Betreuung und Unterstützung warten müssen und sich der Leidensweg verlängert. Kosten werden in der frühzeitigen Prävention und Intervention leider an falscher Stelle eingespart. Der Staat hat zu einem späteren Zeitpunkt weitaus höhere Ausgaben, um die Versäumnis bei fortschreitender Suchterkrankung wieder gut zu machen. Trotzdem werden weiterhin Gelder gekürzt und Stellen in der Suchthilfe abgebaut.

Verstärkt werden die Probleme durch mangelnde Unterstützung seitens der Institutionen, da viele Einrichtungen nur unzureichend Fort- und Weiterbildungsmöglichkeiten anbieten.

Oft fehlt es an Angeboten, die speziell auf die Arbeit mit suchtkranken Menschen zugeschnitten sind, wie etwa:

- **Motivational Interviewing:**
  eine anerkannte Beratungsmethode, um Menschen in Veränderungsprozessen zur Sucht zu motivieren.
- **Suchtpräventions- und Rückfallprophylaxe-Programme:**
  Schulungen, die Mitarbeitende befähigen, Rückfälle frühzeitig zu erkennen und präventiv zu intervenieren.
- **Fortbildungen in Substanzspezifischer Therapie:**
  Z.B. zu Alkohol-, Medikamenten- oder Drogenabhängigkeit, inkl. Behandlungskonzepte und rechtliche Grundlagen.

- **Trauma- und Krisenintervention in der Suchtarbeit:**
  Umgang mit psychischen Belastungen, die häufig mit Abhängigkeits-
  erkrankungen einhergehen.

Das Resultat daraus ist eine sinkende Betreuungsqualität und Arbeitszufriedenheit.

2.2   Belastungsfaktoren im Berufsalltag

Der Berufsalltag in der Sozialen Arbeit ist emotions- und konfliktgeladen. Fachkräfte sind täglich von herausfordernden und belastenden Situationen umgeben,
die aus der Arbeit mit Menschen in Notlagen und Krisen resultieren. Konflikte
und Probleme bestimmen dabei den Berufsalltag vieler.

Ein Beispiel ist die Arbeit mit einem Jugendlichen, der akute suizidale Gedanken äußert. Sozialarbeitende müssen in diesem Moment Ruhe bewahren, angemessene Krisenintervention leisten, eng mit Psychologinnen und Eltern kommunizieren und gleichzeitig die eigene emotionale Belastung regulieren.

Ein weiteres Beispiel ist der Konflikt zwischen Eltern und dem Jugendamt, bei
dem es um die Sicherstellung des Kindeswohls geht. Das Jugendamt muss Interessen abwägen, rechtliche Vorgaben einhalten und gleichzeitig alle Beteiligten
professionell begleiten, ohne sich dabei persönlich vereinnahmen zu lassen.

Die Auswirkungen wurden 2023 von der Pronova BKK genauer untersucht
und zeigen, dass eine dauerhafte emotionale Belastung Stress verursacht, was
langfristige Gesundheitsrisiken für die Fachkräfte birgt.

Poulsen führte hierzu bereits 2012 eine umfassende Befragung von Fachkräften durch. Leider haben sich die Arbeitsbedingungen der Fachkräfte in der
Zwischenzeit nur wenig verändert.

Folgendes wurde dabei kritisiert:

- Mangel an gesellschaftlicher und institutioneller Anerkennung
- Rollenkonflikte
- Mangelnde Unterstützung
- Materielle und personelle Ressourcenknappheit
- Lange und unflexible Arbeitszeiten
- Hoher Administrationsanteil

Die Reaktion darauf ist:

- Motivationsverlust
- Generelle Arbeitsunzufriedenheit
- Verlust von Produktivität und Arbeitsqualität

Die größte Belastung empfinden Fachkräfte jedoch durch den Mangel an Zeit. Ihnen ist es nicht möglich, sich ausreichend Zeit zu nehmen, um sich wirklich auf Menschen einzulassen, Fälle zu bearbeiten und einzelne Prozesse unter Betrachtung verschiedener Blickwinkel durchzuarbeiten. Dies gilt besonders in Bezug auf akute Gefährdungslagen und deren Beurteilung, bei der eine zu schnelle Entscheidung fatal sein kann (vgl. Poulsen 2012, 51 ff.).

Somit zeigen sich einige Hauptquellen von berufsbedingtem Stress, die durch die emotionale und belastende Arbeit sowie durch die ständigen Konfrontationen mit den Problemen anderer bedingt sind. Zusätzlich müssen Sozialarbeitende Brücken zwischen institutionellen Anforderungen und den individuellen Bedarfen der Klientel bauen. So kann eine alleinerziehende Mutter Anspruch auf bestimmte Fördermaßnahmen haben, gleichzeitig benötigt ihr Kind dringend Unterstützung bei schulischen Problemen. Die Fachkraft muss in diesem Fall sowohl die formalen Vorgaben der Institution beachten und einhalten, gleichzeitig flexible Lösungen finden und den Bedürfnissen von Mutter und Kind gerecht werden.

2.3   Externe Belastungen

Zu den Belastungsfaktoren im Berufsalltag von Sozialarbeitenden kommen Stressfaktoren auch in anderen Bereichen hinzu, wie im Familienleben, durch Verlusterlebnisse oder Veränderungen.

In Familien sind Beziehungen, Interaktionen, partnerschaftliche Probleme, die elterlichen Rollen und Pflichten sowie Erziehungsherausforderungen häufige Stressfaktoren. Weitere Belastungen bestehen darin, allen Verpflichtungen, wie Haushalt, Kinderbetreuung und dem Job nachzukommen.

Scheidungen und Trennungen vom Partner, der Verlust von Sicherheit, emotionaler und finanzielle Unterstützung, der Tod von nahestehenden Menschen und der Jobverlust sind eine zusätzliche Belastung im Privatleben.

Auch Veränderungen im Leben können mit Stress verbunden sein. Dazu gehören Umzüge, der Wechsel des Arbeitsplatzes, Lebensübergänge und Phasen wie die Pubertät, Krankheiten und Unfälle. Dabei lösen die genannten Faktoren im Alltag zusätzlich zur regulären Arbeit Stress aus (vgl. Rusch 2019, 60).

2.4   Organisatorische Rahmenbedingungen

Allgemein herrscht eine große Ressourcenknappheit im sozialen Sektor. Es fehlt sowohl an materiellen Mitteln, wie ausreichenden Arbeitsräumen, modernen Arbeitsmitteln oder Geld für Projekte, als auch an personellen Ressourcen, etwa ausreichend Fachkräften oder Unterstützungspersonal. Diese Knappheit führt dazu, dass Sozialarbeitende häufig eine hohe Anzahl an Klienten gleichzeitig betreuen müssen, was nicht nur Überforderung und Dauerstress, sondern langfristig auch Burnout begünstigt (vgl. Reiners-Kröncke 2010, 37).

Negative organisatorische Einflussfaktoren verschärfen die Situation der Fachkräfte zusätzlich. Dazu zählen unter anderem schwierige und konfliktbehaftete Beziehungen zu Vorgesetzten, intransparente Entscheidungsprozesse sowie mangelnde Beteiligung der Mitarbeitenden an wichtigen organisatorischen Entscheidungen. Diese Faktoren sorgen dafür, dass das Arbeitsklima leidet, die Motivation sinkt und das Gefühl entsteht, die eigene Arbeit werde weder ausreichend anerkannt noch wertgeschätzt.

Ein Problem ist oftmals, dass Führungskräfte viel zu sehr auf kurzfristigen Erfolg fokussiert sind, als langfristig und vor allem nachhaltig zu planen. Wenn Mitarbeitende ausgebrannt und erschöpft sind, werden sie zur Reha geschickt. Das ist jedoch nicht die Lösung des Problems. Sinnvoller wäre es interne Strukturen so anzupassen und zu verbessern, dass Mitarbeitende eine hohe Arbeitszufriedenheit haben und nicht innerhalb von kurzer Zeit ausgebrannt sind (vgl. Weiss, 2020).

Der Fachkräftemangel ist an den organisatorischen Problemen beteiligt und sollte nicht unterschätzt werden. Zu wenig Personal führt letztendlich zu einer ungleichen Verteilung der Arbeit und mehr Überstunden. Dies beeinflusst nicht nur das Wohlbefinden negativ, sondern auch die Qualität der Dienstleistungen.

2.5   Rolle des Fachkräftemangels

Der Fachkräftemangel ist besonders im sozialen Sektor ein Auslöser für Überlastung und Burnout (Ver.di 2023). Dieser hängt damit zusammen, dass die vorhandenen Teams, durch den Personalmangel, unter hohem Druck stehen, die wachsenden Fallzahlen zu bewältigen.

In der Sozialarbeit und Sozialpädagogik gab es 2021/2022 die größte Lücke an Fachkräften, da von 26.500 Stellen lediglich 5900 besetzt werden konnten. Es fehlte an qualifiziertem Fachpersonal in Bereichen wie der „Berufseinstiegsbegleitung", „Schulsozialarbeit", „Jugend-, Kinder- und Altenheimen" und in der „Suchtberatung" (vgl. Hickmann/Koneberg 2022, 1).

Die Corona-Pandemie hat die Arbeitsbelastung in sozialen Berufen zusätzlich deutlich erhöht. Eine Untersuchung der Hochschule Fulda und der Gewerkschaft ver.di (2023) ergab, dass sich mehr als 60 % der befragten Mitarbeitenden häufig stark belastet fühlen. Viele Fachkräfte müssen regelmäßig Überstunden leisten und stehen unter hohem Zeitdruck und können das Arbeitspensum oft nicht mehr bewältigen. Leitungen von Kindertagesstätten berichten von negativen Auswirkungen des Personalmangels auf die pädagogische Qualität der frühkindlichen Erziehung. Die hohe Arbeitsbelastung steht dabei in direktem Zusammenhang mit Fehlzeiten und Krankschreibungen.

Viele Fachkräfte fordern, dass es in Deutschland zu einem Umbruch in Bezug auf die aktuelle Personalsituation und besonders im Bereich der Finanzierung kommt, was letztendlich Personalmangel entgegenwirken könnte und die Arbeitsbedingungen für die Fachkräfte verbessern würde.

Strategien zur Personalgewinnung und eine langfristige Bindung an den Beruf könnten eine Lösung sein, die dem Negativ-Trend entgegenwirken, neue Anreize für Fachkräfte schaffen und dabei die Arbeitssituation aller verbessern. Strategien zur Personalgewinnung könnten etwa eine gezielte Nachwuchsförderung durch praxisnahe Ausbildungs- und Studienangebote, attraktive und faire Einstiegsgehälter und Mentoring-Programme umfassen. Zur langfristigen Bindung an den Beruf zählen regelmäßige Fort- und Weiterbildungen, flexible Arbeitszeiten, eine angemessene Work-Life-Balance sowie Supervision zur Stressbewältigung.

Die Politik gibt die Rahmenbedingungen für die Soziale Arbeit vor, die jedoch seit Jahrzehnten durch Unterfinanzierung und fehlende gesellschaftliche Anerkennung geprägt sind. Dabei sind politische Interventionen von den Fachkräften, vor allem in Bezug auf verbesserte Rahmenbedingungen und eine zurückhaltendere Sparpolitik erwünscht, die über Einzelmaßnahmen hinausgehen. Statt einer restriktiven Sparpolitik wünschen sie sich großzügige Investitionen in Personal, Strukturen und eine faire Entlohnung, um die hohe Belastung und den Fachkräftemangel wirksam zu bekämpfen. Nur wenn die Politik die Bedeutung Sozialer Arbeit als unverzichtbar anerkennt, kann es zu einem echten Wandel kommen.

2.6 Das Verhältnis zwischen Sozialer Arbeit und Wirtschaft

Das Spannungsfeld zwischen Wirtschaft und Sozialer Arbeit ist komplex und konfliktgeladen, da ihre Zielsetzungen kaum unterschiedlicher sein könnten. Primäre Ziele, die in der Wirtschaft verfolgt werden, von den sogenannten „for profit"

Organisationen, sind Effizienz, Umsatzsteigerung und Gewinnmaximierung, während sich die Soziale Arbeit auf die Unterstützung und das Wohl der Menschen fokussiert. Die unterschiedlichen Zielsetzungen sorgen dabei für Spannungen.

Bei tieferer Betrachtung wird deutlich, dass Soziale Arbeit und Wirtschaft trotz unterschiedlicher Ziele in einer gegenseitigen Abhängigkeit leben. Beide Bereiche müssen einen gemeinsamen Weg finden und auf Augenhöhe miteinander kommunizieren. Vorurteile gilt es abzubauen und das eigene Handeln aus der Perspektive der jeweils anderen Partei zu betrachten. Die Wirtschaft benötigt stabile gesellschaftliche Rahmenbedingungen, die durch soziale Dienstleistungen wie Bildungsarbeit, Integration oder Unterstützung benachteiligter Gruppen gewährleistet werden. Umgekehrt ist die Soziale Arbeit auf die monetäre Ausstattung und die Kooperationsbereitschaft wirtschaftlicher Akteure angewiesen.

Es besteht somit eine Notwendigkeit, dass beide Seiten ihre Perspektiven besser verstehen. Sozialarbeitende sollten ökonomische Anforderungen wie Kostenkontrolle oder Effizienz nachvollziehen, während „for profit" Organisationen den langfristigen Nutzen sozialer Investitionen sehen müssen, beispielsweise durch geringere Krankheitsausfälle, höhere Motivation der Mitarbeitenden oder eine stabilere Gesellschaft.

Zusätzlich ist eine ökonomische Denkweise auch in der Sozialen Arbeit von großem Vorteil und stellt einen Mehrwert für alle Beteiligten dar. Bereits im Studium sollten die wirtschaftlichen Inhalte breit gestreut sein und von der Makro- bis zur Nanoebene die Kompetenzen der Studierenden schulen.

Das folgende Kapitel thematisiert die Bedeutung des Burnout-Syndroms in der Sozialen Arbeit und betrachtet Symptome und Ursachen, die Sozialarbeitende besonders anfällig für dieses Krankheitsbild machen. Es werden historische Entwicklungen und aktuelle Herausforderungen insbesondere im Kontext der COVID-19-Pandemie und post-Pandemie-Situation analysiert und genauer erläutert, in welchen Phasen ein Burnout ablaufen kann.

3.1 Definition und Symptome

Burnout ist ein Begriff, den wohl jeder schon einmal gehört hat. Aber was steckt wirklich dahinter?

Man stellt sich vor, der innere Akku ist leer. Er ist nicht nur leer, sondern komplett entladen. Dinge, die früher selbstverständlich waren, wie morgens aufstehen, einkaufen, Sport treiben, Unterhaltungen führen, den Haushalt erledigen, E-Mails beantworten oder sich mit Freunden treffen werden plötzlich anstrengend und sind belastend.

Burnout ist kein „einfacher Stress", es ist ein Zustand der völligen Erschöpfung, körperlich, seelisch und mental. Betroffene berichten von typischen Symptomen wie:

- **Ständige Müdigkeit:**
  Ausreichend Schlaf schafft keine Erholung mehr.
- **Emotionale Leere:**
  Fehlen von Freude, Motivation und Interesse

M. H. Dahm und F. A. Adams, *Burnout im sozialen Sektor erkennen, verhindern und achtsam führen,* essentials, https://doi.org/10.1007/978-3-658-50285-0_3

- **Psychosomatische Symptome:**
  Schlaflosigkeit, Magenprobleme, Verspannungen, Kopf- und Rückenschmerzen
- **Persönlicher Rückzug und Gleichgültigkeit:**
  Der Kontakt zu anderen Menschen wird als belastend empfunden.
- **Leistungsabfall:**
  Was früher leicht gefallen ist wird zur großen Herausforderung.

Oben genannt sind nur einige der somatischen und psychischen Symptome, die auf einen Burnout hindeuten.

Wichtig zu wissen: Burnout trifft besonders oft die Menschen, die voller Elan und Motivation sind. 1974 wurde der Begriff Burnout von Freudenberger in der Psychologie eingeführt. Es bemerkte, dass Menschen in helfenden Berufen, die ihren Arbeitsalltag besonders motiviert bestritten, sehr häufig nach bereits kurzer Zeit ihre psychischen Belastungsgrenzen überstritten hatten und komplett erschöpft waren (vgl. Litzcke/Schuh/Pletke 2014, 149).

Kritik an der Burnout-Metapher

Burisch kritisiert die Burnout-Metapher, da er den Begriff nicht besonders passend findet. Burnout bedeutet auf Deutsch Durchbrennen. Wenn Kabel oder Sicherungen durchbrennen, ist dies eine plötzliche Reaktion und zieht sich nicht über mehrere Monate oder sogar Jahre hinweg. Es fließt sofort kein Strom mehr und es kommt zu einem absoluten Stillstand.

Im Gegensatz dazu steht das Phänomen Burnout, welches oft mit einer langwierigen Leidenszeit verbunden ist und sich über Wochen, Monate und Jahre ziehen kann (vgl. Burisch 2014, 9).

Wie fühlt sich ein Burnout für Betroffene an?

1. **Emotionale Erschöpfung**
   Der Akku ist leer. Man fühlt sich müde und ausgelaugt und ist mit der Situation überfordert. Vor allem der Umgang mit anderen Menschen wird als stark belastend empfunden. Alles strengt einen an und selbst schöne Dinge, wie z. B. ein Restaurantbesuch, machen keinen Spaß mehr.
2. **Entpersonalisierung**
   Man stumpft ab und entwickelt eine negative Grundhaltung gegenüber der Arbeit. Wichtige Aufgaben werden einem gleichgültig. Manche Betroffene werden aus einem Selbstschutz heraus zynisch und gefühlskalt.

3. **Das Gefühl „Ich kann nichts mehr leisten"**
Dabei verlieren viele das Vertrauen in die eigenen Fähigkeiten. Man hat das Gefühl, nicht mehr gut genug zu sein und dass eigene Erfolge nichts mehr zählen. Die Arbeit kommt einem plötzlich sinnlos vor und die Motivation ist verschwunden.
(vgl. Maslach und Jackson 1981)

Wie zeigt sich ein Burnout?
Burnout macht sich auf unterschiedlichen Ebenen bemerkbar: emotional, im Denken und im Verhalten. Die folgende Übersicht hilft, die Warnzeichen zu erkennen:

Emotionale Warnzeichen
Diese Signale sind meistens die ersten, die man spürt.

- Man fühlt sich leer, ausgelaugt und ideenlos
- Selbst die schönen Dinge sind anstrengend und machen keinen Spaß mehr.
- Es kommt zu Stimmungsschwankungen: Gereiztheit, innere Unruhe, Nervosität.
- Gefühle von Sinnlosigkeit und Traurigkeit kommen auf.
- Man wird emotional labil und Kleinigkeiten bringen einen aus dem Gleichgewicht.

Kognitive Warnzeichen
Burnout betrifft auch die Denkprozesse. Typisch sind:

- Grübeln, immer die gleichen Sorgen kreisen durch den Kopf
- Schwierigkeiten beim Treffen von Entscheidungen
- Konzentrationsprobleme
- Negatives Stimmungsbild

Verhaltensbezogene Warnzeichen
- Man zieht sich zurück, sagt Treffen mit Freunden ab und möchte einfach nur allein sein
- Das Interesse an Hobbys und Freizeitaktivitäten geht verloren
- Impulsives Verhalten zeigt sich und man reagiert anders als früher
- Häufiger Konsum von Alkohol, Drogen, Zigaretten und Zucker

3.2   Phasen des Burnouts

Burnout passiert nicht von heute auf morgen. Es ist ein schleichender Prozess. Fast wie ein schleichender Nebel, der sich immer dichter um einen legt. Man merkt dies selbst erst zu spät, wenn man längst mittendrin steckt und vom Nebel eingeschlossen ist. Bei einem Burnout durchlaufen Betroffene einen Prozess, der in verschiedenen Phasen abläuft. Die Psychologen Herbert Freudenberger und Gail North haben diesen Prozess in zwölf Phasen unterteilt, die einen Einblick bieten, was Burnout-Erkrankte in den unterschiedlichen Stadien durchleben. Das bedeutet aber nicht, dass jede Person alle Phasen in dieser Reihenfolge durchlebt. Viele erleben mehrere gleichzeitig oder überspringen Phasen.

Die Phasen sind wie folgt beschrieben:

1. Phase: Der innere Zwang, sich selbst zu beweisen
„Ich muss noch mehr leisten und darf keine Schwäche zeigen."
Man will seinem Umfeld und sich selbst zeigen, dass man alles im Griff hat und kennt kein Nein. Man übernimmt viel Verantwortung und will keine Schwäche zeigen, arbeitet viel länger als nötig und macht nur selten eine Pause. Es fühlt sich am Anfang wie Ehrgeiz an, doch ist das der erste Schritt in Richtung Überforderung.

Beispiel:
Silke, 38 Jahre alt, arbeitet seit zehn Jahren in einer Jugendhilfeeinrichtung. Obwohl ihr Arbeitstag offiziell um 16 Uhr endet, bleibt sie fast jeden Abend länger, um noch schnell Protokolle zu schreiben oder Elterngespräche vorzubereiten. Sie denkt: „Die Kinder brauchen mich, und wenn ich nicht alles perfekt mache, fällt es sofort auf mich zurück." Pausen macht sie kaum und es fühlt sich an, als müsse sie ständig beweisen, dass sie unersetzlich ist.

2. Phase: Verstärkter Einsatz
„Ich kann das noch besser, noch schneller, noch perfekter."
Man arbeitet mit Hochdruck und gibt alles, auch wenn es längst schon zu viel ist, und versucht in kürzerer Zeit noch mehr zu schaffen. Perfektionismus wird zur Normalität, und Fehler scheinen keine Option zu sein. Selbst in der Freizeit bleibt die Arbeit ständig präsent und wird von der Angst begleitet, die Kontrolle zu verlieren.

Beispiel:
Silke nimmt zusätzlich noch zwei neue Fälle an, obwohl ihre vorherige Fallzahl schon längst die interne Obergrenze überschritt. Sie will allen zeigen, dass sie auch das schafft. Vor dem Schlafengehen beantwortet sie noch E-Mails, in der Mittagspause plant sie bereits die den nächsten Termin. Freizeit wird zum Fremdwort für Silke, und die Arbeit ist permanent präsent, selbst wenn sie mit Freunden essen geht.

3.Phase: Vernachlässigung der eigenen Bedürfnisse
„Essen kann ich später. Schlafen wird überbewertet."
Die Arbeit prägt mittlerweile das gesamte Leben und stellt den Lebensmittelpunkt dar. Bedürfnisse werden ignoriert. Scheinbar unwichtigere Aspekte und kleinere Aufgaben, wie z. B. Kochen, Einkaufen und Haushaltsführung werden vernachlässigt, da man schon zu viel Zeit und Energie für die Hauptaufgabe aufwendet. Pausen, gesunde Ernährung und soziale Kontakte sind nur noch nebensächlich oder werden komplett umgangen, was Betroffenen aber nicht als negativ empfinden. Alles dreht sich nur noch um Leistung.

Beispiel:
Silke hat kaum noch Zeit für sich selbst. Das Mittagessen wird durch einen schnellen Kaffee ersetzt und Sport hat sie seit Monaten nicht mehr gemacht. Abends ist sie so erschöpft, dass sie nur noch auf dem Sofa einschläft, statt bewusst zu entspannen.

4. Phase: Verdrängen von Konflikten und Bedürfnissen
„Ich habe keine Zeit für Probleme."
Für die Erreichung der Ziele werden höchste Ansprüche an sich selbst gestellt und die gesamte Energie wird hierfür benötigt. Der Körper sendet Signale, beginnt zu rebellieren und wünscht sich eine Auszeit, um sich von der ganzen Anstrengung zu erholen. Betroffene ignorieren jedoch alle Signale, um den Fokus auf die hoch gesetzten Ziele nicht zu verlieren. Kritik wird ignoriert und Konflikte vermieden, was zu einem Rückzug führt. Manche greifen jetzt vermehrt zu Alkohol und Beruhigungsmitteln.

Beispiel:
Wenn Freundinnen sie fragen, ob sie nicht etwas kürzertreten sollte, winkt Silke ab: „Nein, das passt schon so, ich komme sehr gut klar." Kritik oder Hinweise ignoriert sie. Silke redet sich ein, dass alles schon irgendwie funktioniert und konzentriert sich auf die Arbeit.

5. Phase: Umdeuten von Werten

„Früher war mir Familie wichtig, heute zählt nur noch der Erfolg."
Was einem früher wichtig war und halt gab, verliert an Bedeutung. Der Job wird
zum einzig wichtigen und die Werte verschieben sich. Eine innerliche Leere
breitet sich aus und man weiß nicht mehr was wirklich zählt. Was ist wichtig,
was nicht? Eine Frage, die für Betroffene nicht mehr einfach zu beantworten ist.
Resultat der veränderten Wahrnehmung sind emotionale Unsicherheit und Ver-
wirrung.

Beispiel:
Silke denkt immer häufiger: „Meine Arbeit ist für mich das Wichtigste." Dinge,
die ihr früher Freude bereitet haben, wie gemeinsame Kochabende mit Freundinnen oder Wochenendtrips sind plötzlich nebensächlich. Familie und Freunde rut-
schen in ihrer Prioritätenliste immer weiter nach unten.

6. Phase: Verleugnung der Probleme

„Ich habe alles im Griff."
Immer mehr Probleme machen sich in der 6. Phase bemerkbar, man will es
sich aber nicht anmerken lassen und verleugnet diese aus einem Selbstschutz-
mechanismus heraus unterbewusst. Die eigenen Probleme werden somit weitest-
gehend nicht beachtet. Reizbarkeit steigt und Empathie sinkt. Soziale Kontakte
werden unerträglich. Betroffene denken: „Nicht ich bin das Problem, sondern der
Stress, die Arbeit und die anderen."

Beispiel:
Silke ist permanent müde und hat Schlafprobleme. Trotzdem redet sie sich ein:
„Das liegt nur am vielen Kaffee, das wird bestimmt bald wieder besser." Sie igno-
riert, dass ihr Körper längst Alarmzeichen sendet.

7. Phase: Rückzug

„Ich will einfach nur meine Ruhe."
Man zieht sich zurück, fühlt sich allein, ausgelaugt und ziellos. Freunde, Familie und berufliche Kontakte werden zur Last. Gespräche werden gemieden. Die
dringend benötigte Erholung findet mittlerweile auch am Wochenende nicht mehr
statt. Sobald im Beruf etwas den üblichen Tagesablauf stört, wird es als belastend
empfunden. Es kommt zu einer Kehrtwende, da die anfängliche Begeisterung für
die Arbeit längst verflogen ist. Krankentage steigen, ohne dass man einen Arzt
konsultiert. Das Suchtverhalten kann sich zusätzlich weiter verstärken.

Beispiel:
Silke sagt regelmäßig Treffen mit Freunden ab, weil sie „zu viel Arbeit" hat.
Selbst auf Familienfeiern ist sie innerlich abwesend, checkt zwischendurch Mails
oder denkt an unerledigte Aufgaben. Ihr soziales Umfeld wird, dabei immer klei-
ner, da sie soziale Kontakte mehr und mehr vermeidet.

8. Phase: Sichtbare Veränderungen

„Du bist irgendwie gar nicht mehr wie früher…"
Das Umfeld merkt es: Man hat sich verändert. Die Wesensveränderung bleibt also
nicht unbemerkt. Gleichgültigkeit, Gereiztheit und Traurigkeit. All das wird für
andere (das enge soziale Umfeld) sichtbar, wobei Zuwendung abgelehnt wird.
Dabei wäre Hilfe jetzt so wichtig.

Beispiel:
Kollegen bemerken, dass Silke sich verändert hat. Sie ist gereizter und reagiert
schneller ungeduldig. Früher war sie geduldig im Umgang mit den Jugendlichen,
jetzt wird sie manchmal auch lauter.

9. Phase: Verlust des Selbst

„Wer bin ich eigentlich noch?"
Man hat keinen Zugang mehr zu den eigenen Gefühlen. Bedürfnisse sind unklar
und alles fühlt sich dumpf und sinnlos an. Eine innerliche Leere breitet sich aus,
sodass Gedanken und Emotionen nicht mehr wahrgenommen werden. Der Nebel
hat einen fest umschlossen.

Beispiel:
Silke weiß kaum noch, wer sie eigentlich ist. Was treibt sie noch an? Hobbys,
Wünsche, Träume, all das scheint für sie nicht mehr wichtig. Sie definiert sich
nur noch über ihre Leistung und berufliche Rolle.

10. Phase: Innere Leere

„Ich suche etwas, das mich noch spüren lässt."
Die innere Leere wird immer unerträglicher. In einem befindet sich ein schwarzes
Loch, und man sucht nach Reizen, um sich lebendig zu fühlen – Clubbesuche,
Extremsportarten oder gesteigerte sexuelle Aktivität. Doch nichts füllt die Leere.
Man fühlt sich wertlos und allein.

Beispiel:
An manchen Tagen fühlt Silke sich wie ausgebrannt. Sie sitzt regungslos vor ihrem Laptop und starrt einfach gedankenlos auf den Bildschirm. Nichts ergibt noch Sinn oder schafft das Gefühl von Zufriedenheit. Um dieses Gefühl zu überdecken, lenkt sie sich ab. Sie geht seit Ewigkeiten wieder in den Club, trinkt viel Alkohol und übermäßigen Kaffee und scrollt endlos am Handy.

11. Phase: Depression

„Ich sehe keinen Sinn mehr."
Erschöpfung wird zur Verzweiflung. Einfache Dinge erscheinen unmöglich. Man funktioniert nicht mehr und will einfach, dass alles aufhört. Nichts scheint mehr Bedeutung zu haben.

Beispiel:
Silke hat an nichts mehr Freude. Sie steht morgens auf und fragt sich: „Wozu das Ganze?". Ein Gefühl von Hoffnungslosigkeit und Erschöpfung macht sich breit. Selbst Kleinigkeiten wie Einkaufen oder Telefonate mit Freunden sind eine große Hürde.

12. Phase: Völlige Erschöpfung

„Ich will nur noch weg."
In dieser Phase wird der Burnout lebensbedrohlich und es kann zu Suizidgedanken kommen. Spätestens zu diesem Zeitpunkt ist ärztliche Hilfe zwingend erforderlich.

Beispiel:
Schließlich bricht Silke zusammen und sie meldet sich krank. Es geht nichts mehr, weder körperlich noch seelisch. Der Akku ist leer, und sie hat das Gefühl, in ein tiefes Loch gefallen zu sein, aus dem sie allein nicht mehr herauskommt. (vgl. Freudenberger/North 1992, 12)

3.3   Ursprung des Burnout-Begriffs

Burnout klingt erst einmal nach einem modernen Phänomen, nach etwas, das in der heutigen Leistungsgesellschaft, also getreu dem Motto „schneller, höher, weiter, entstanden ist. Doch der Blick in die Vergangenheit zeigt, dass es die sichtbaren und spürbaren Symptome, die wir heute mit Burnout verbinden, schon früher gab. Nur ein treffender Name dafür fehlte noch.

Schon die Bibel erzählt von Erschöpfung

Einer der frühsten Texte, in denen etwas Burnout-Ähnliches beschrieben wird, geht bis zu den Anfängen des Christentums, dem Alten Testament und Berichten des Propheten Elias zurück, der in Gottes Namen Großes vollbringen soll. Doch irgendwann ist er am Ende seiner Kräfte. Verzweiflung trat auf, als eine Niederlage drohte und er Gottes Auftrag nicht erfüllen konnte.

Er fühlte sich von der Situation und der Verantwortung erdrückt und sehnte sich nach dem Tod (vgl. Burisch 2014, 4). Was Elias erlebte, erinnert sehr an das, was viele bei einem Burnout in der Leistungsgesellschaft heutzutage durchmachen. Das Gefühl, den Aufgaben nicht mehr gewachsen zu sein und sich dabei vollkommen allein zu fühlen und im extremen Fall sich sogar den Tod herbeizuwünschen.

Jeremia, ein weiterer Prophet, berichtet von einem „brennenden Feuer", welches in seinem Herzen lodert. Es treibt ihn einerseits an, andererseits verzehrt es ihn (Jeremia 20,9). Seine Arbeit, die Erwartungen Gottes und die Ablehnung seiner Mitmenschen bringen ihn an seine Grenzen. Er fühlt dabei Hoffnungslosigkeit aber auch Wut und Einsamkeit, typische Symptome emotionaler Erschöpfung.

Auch im Neuen Testament finden sich gewisse Parallelen: Jesus zieht sich immer wieder in die Einsamkeit zurück, um zu beten und Kraft zu sammeln (Markus 1,35; Lukas 5,16). Dies zeigt, dass schon zu biblischen Zeiten Menschen unter enormem Druck standen und Strategien benötigten, um psychische Belastung zu bewältigen und die Akkus aufzuladen.

Die Bibel zeigt damit ein universelles Bild menschlicher Überforderung. Es ist somit kein rein modernes Phänomen, sondern spiegelt Grundkonflikte menschlicher Existenz wider: das Ringen zwischen Pflicht, Leistungsdruck und der eigenen physischen und psychischen Belastbarkeit.

Große Verantwortung, hohe Erwartungen und fehlende Unterstützung führen zu emotionaler und körperlicher Erschöpfung.

Meister Eckhart, Shakespeare und Thomas Mann

Auch in der mittelalterlichen Literatur finden sich Hinweise. Der Theologe Meister Eckhart sprach von einer „seelischen Leere", die als Zustand innerer Entfremdung und Ausgelaugtheit verstanden werden kann. Für Eckhart war diese Leere nicht unbedingt negativ, sondern ein Raum, in dem sich das Individuum von allen äußeren Bindungen, Ansprüchen und Erwartungen lösen kann, um zu innerer Klarheit zu gelangen. Im Kontext von Burnout bekommt der Begriff jedoch eine andere, sehr greifbare Bedeutung: Die „Leere" beschreibt hier das

Gefühl, ausgebrannt, erschöpft und von der eigenen Umwelt überfordert zu sein (vgl. Burisch 2014, 4).

Shakespeares Figuren weisen häufig Zeichen psychischer und physischer Erschöpfung auf, die den modernen Burnout-Symptomen erstaunlich nahekommt. Macbeth (1606) oder Hamlet (1600–1601) tragen beispielsweise eine enorme innere Last durch Verantwortung, moralische Konflikte oder gesellschaftliche Erwartungen. Die Belastung der Charaktere äußert sich in Schlaflosigkeit, Grübelei, Reizbarkeit und sozialem Rückzug, was typische Zeichen von Überlastung und emotionaler Erschöpfung darstellen.

Ähnlich wie beim heutigen Burnout befinden sich Shakespeares Figuren in einem Teufelskreis aus hohen Erwartungen, Perfektionismus und innerer Anspannung, der ihre Handlungsfähigkeit mehr und mehr einschränkt und die Personen sich dadurch stark verändern.

Auch im Roman „Buddenbrooks" von Thomas Mann (1901) aus den Anfängen des 20. Jahrhunderts finden sich Hinweise auf einen Erschöpfungszustand. Dabei liegt die Figur des Senator Buddenbrooks im Mittelpunkt, da dieser Anzeichen für einen Burnout, wie Müdigkeit, mangelndes Interesse an seiner Arbeit, innere Leere sowie der Drang, seine Gefühllosigkeit zu verbergen und seine Würde in jedem Fall zu wahren, aufweist.

Der Begriff „Burnout" entsteht

Das Kind bekommt einen Namen: Der amerikanische Psychoanalytiker Herbert Freudenberger beschreibt in den 70er Jahren erstmals das Burnout-Syndrom. Er beobachtete, dass vor allem Menschen in helfenden Berufen unter besonders starker Erschöpfung litten, weil sie sich selbst ständig zurückstellten.

Der Begriff Burnout wurde im Laufe der Jahre immer relevanter und interessanter für die Wissenschaft. Die Arbeiten von Freudenberger und anderen wurden unter dem Titel „Ausgebrannt" (1974) auch erstmalig auf Deutsch veröffentlicht und trafen dabei einen Nerv. Trotz Zweifeln nahm das Interesse immer weiter zu und der Begriff wurde in den 1980ern immer bekannter, auch durch Artikel in der Fachzeitschrift „Psychologie heute".

Vom Modethema zur anerkannten Diagnose

1990 fand der erste europäische Burnout-Kongress in Polen statt. Es folgten viele weitere wissenschaftliche Arbeiten. Später fand sich die Thematik in großen Nachschlagewerken wieder, wie dem „Annual Review of Psychology" aus dem Jahr 2001. Spätestens mit dem Eintrag in die ICD-10 (der internationalen Klassifikation von Krankheiten) war eindeutig: Burnout ist kein Schlagwort mehr. Er wurde als Zustand totaler Erschöpfung anerkannt.

Forscher wie Schaufeli und Enzmann (1988) haben mit umfangreicher Literatur dazu beigetragen, dass sich das Verständnis von Burnout entwickelt. Die Symptome wurden konkreter beschrieben: Neben der emotionalen Erschöpfung zählen auch Depersonalisierung und ein Gefühl der Erfolgslosigkeit dazu. Heutzutage wird Burnout als ein Zustand beschrieben, der in Folge hohen Drucks und gestiegener Arbeitsbelastung auftritt.

Kritische Stimmen – Burnout oder Depression?
In der Diskussion sehen nicht alle den Begriff Burnout unkritisch, da es mitunter zu Schwierigkeiten in der Abgrenzung zu anderen psychischen Erkrankungen kommen kann. Für einige kritische Stimmen aus der Medizin und Psychologie ist es ein nur Modewort und es besteht die Gefahr, dass viele der Betroffenen in Wahrheit an einer Depression leiden, da sich einige Symptome stark ähneln (vgl. Scherrmann 2015, 13 f.).

Die Gefahr dabei ist, dass depressive Menschen stigmatisiert werden, indem ihnen die Schuld für ihre Krankheit gegeben wird, etwa durch Überarbeitung. Kritiker warnen davor, Depressionen als direkte Folge von Arbeitsbedingungen und als Arbeitskrankheit zu deklarieren. Äußere Einflüsse wie unterschiedliche Arbeitsbelastungen seien nicht die hauptsächlichen Auslöser für Depressionen. Depressionen entstehen durch ein Zusammenspiel biologischer Faktoren und genetischer Veranlagung, Veränderungen im Neurotransmittersystem und Störungen der Stresshormonachse. Hinzu kommen individuelle Risikofaktoren wie Traumata, belastende Lebensereignisse, negative Denkmuster und mangelnde Stressbewältigungsstrategien.

Sie sehen dabei eine Übertreibung in der Burnout-Diskussion, da Belastungen und Stress eine normale Herausforderung des Alltags seien, die man individuell bewältigen könnte, während Depressionen ernsthafte gesundheitliche Zustände sind, die einer medizinischen Behandlung bedürfen.

Burnout – mehr als ein individuelles Problem
Trotz der ganzen Kritik hat die Burnout-Diskussion auch etwas Wichtiges angestoßen. Der Blick auf den Einzelnen wird zu den gesellschaftlichen und strukturellen Ursachen gelenkt. Viele der Belastungen entstehen nicht nur im Individuum, sondern durch äußere Einflüsse. Ein gestiegener Leistungsdruck, unsichere Arbeitsverhältnisse bis hin zum Jobverlust durch den Einsatz Künstliche Intelligenz sowie eine digitale Dauerverfügbarkeit rund um die Uhr. Die Arbeitswelt beschleunigt sich permanent und Erschöpfung und Überforderung sind damit mehr als nur ein persönliches Problem. Es ist ein gesellschaftliches Problem und geht damit alle etwas an.

3.4   Burnout im Kontext der Covid-19-Pandemie

Die Pandemie hat unser Leben auf den Kopf gestellt. Gerade im sozialen Sektor waren die Auswirkungen besonders deutlich zu spüren. Wer in einem sozialen Beruf tätig war, erlebte die Krise an vorderster Front.

Was hat sich verändert?
Bereits vor der Pandemie stellten die Arbeitsbedingungen in sozialen Berufen eine Herausforderung dar. Durch die Pandemie verschärften sich die Zustände drastisch:

- Personalmangel führte zu deutlich höherer Arbeitsbelastung für den Einzelnen.
- Teamstrukturen wurden durch Ausfälle und Notfallpläne durcheinandergebracht.
- Arbeit wurde als zunehmend belastender empfunden

Überstunden und kaum Pausen
Zahlreiche Beschäftigte berichteten von einer deutlich gestiegenen Arbeitsmenge, die innerhalb der regulären Arbeitszeit nicht mehr zu bewältigen war. Daraus resultierten unvergütete Mehrarbeit und ein Arbeitsalltag, in dem Pausen häufig zu kurz kamen oder gar ganz entfielen. Hinzu kam ein verstärktes Pflichtgefühl gegenüber dem Team. Viele gingen selbst dann arbeiten, wenn sie krank waren, um Kolleginnen und Kollegen nicht zusätzlich durch ihren Ausfall zu belasten.

Folgen für die psychische Gesundheit
Die genannten Veränderungen wirkten sich spürbar auf die psychische Gesundheit der Sozialarbeitenden aus. Der Zeitdruck und die hohen Anforderungen hatten die Folge, dass es bei vielen Beschäftigten zu einer tiefgreifenden emotionalen Erschöpfung kam. Gefühle von Frustration und Überforderung machten sich breit, was sich langfristig in einer deutlich verringerten Leistungsfähigkeit niederschlug. Besonders betroffen waren dabei Mitarbeitende von Inobhutnahmestellen, Jugendämtern, Behinderteneinrichtungen und Kindertagesstätten.

Auswirkungen auf die Adressaten
- Hilfeangebote waren nicht mehr erreichbar.
- Gleichzeitig stieg die Nachfrage an Unterstützung.
- Distanzvorgaben machen den persönlichen Kontakt schwierig.

(vgl. Alsago/Meyer 2023b, 25 ff.)

Zusammenfassend lässt sich sagen, dass die Pandemie bestehende Probleme im sozialen Sektor noch weiter verstärkt hat. Sowohl Mitarbeitende als auch Adressaten litten gleichermaßen unter den Folgen, da sich bereits vorhandene Belastungen deutlich verschärften. Während die Beschäftigten mit Überlastung, Erschöpfung und gesundheitlichen Problemen zu kämpfen hatten, wurden Hilfesuchende durch ein eingeschränktes Angebot und erschwerte Erreichbarkeit zusätzlich benachteiligt. Die Krise hat damit nicht nur die Strukturen der sozialen Arbeit, sondern auch deren Wirksamkeit stark negativ beeinflusst.

Burnout als Krankheitsbild 4

Wohl jeder kennt das Gefühl gestresst und mit einer Situation überfordert zu sein. Seien es alltägliche Dinge, wie die rechtzeitige Abholung der Kinder aus dem Kindergarten, Vorbereitungen von Familienfeiern oder die Bewältigung einer Flut an E-Mails und die Einhaltung von Deadlines im beruflichen Kontext. Doch wann ist es mehr als nur Stress? Und was passiert dabei in Kopf und Körper?

Genauer betrachtet wird:

- Was passiert bei einem Burnout im Körper? Von Stresshormonen bis zu Schlafproblemen.
- Wie zeigen sich psychische Symptome und wie kann man sie erkennen?
- Warum beeinflussen sich Körper und Psyche gegenseitig?
- Wie kann man dem entgegenwirken?

4.1 Medizinische und psychische Aspekte

Burnout ist mehr als nur eine psychische Erschöpfung und Belastung. Es betrifft viele körperliche Prozesse.

Was passiert im Körper?
Ein Burnout stellt keine reine Kopfsache dar. Die körperliche Belastung ist messbar.

Die Liste von körperlichen Symptomen ist lang. Viele Betroffene suchen ihre Ärztin oder ihren Arzt wegen körperlichen Symptomen auf, wie z. B.:

© Der/die Autor(en), exklusiv lizenziert an Springer Fachmedien Wiesbaden GmbH, ein Teil von Springer Nature 2026
M. H. Dahm und F. A. Adams, *Burnout im sozialen Sektor erkennen, verhindern und achtsam führen*, essentials, https://doi.org/10.1007/978-3-658-50285-0_4

Allgemeine Erschöpfung
- Chronische Müdigkeit, auch nach ausreichend Schlaf
- Schwächegefühl im Körper
- Leistungseinbuße beim Sport

Schlafprobleme
- Schlaflosigkeit
- Nicht erholsamer Schlaf
- Durchschlafprobleme

Magen-Darm-Beschwerden
- Appetitverlust oder Heißhungerattacken
- Durchfall und Verstopfung
- Magenschmerzen

Herz-Kreislauf-System
- Bluthochdruck
- Herzrasen
- Schwindelgefühl

Muskel- und Gelenkschmerzen
- Nackenverspannungen
- Rückenschmerzen
- Muskelschwäche

Immunsystem
- Höhere Anfälligkeit für Infekte
- Verlängerte Genesungszeiten

Weitere körperliche Symptome
- Kopfschmerzen und Migräne
- Hautprobleme, wie z.B.: Hautausschlag
- Kurzatmigkeit
- Sehstörungen

(Burisch 2014, 29)

Die zentrale Rolle dabei spielt das Stresssystem des Körpers. Zwei Stressachsen sind bei einem Burnout oftmals chronisch aktiviert:

Stresssystem	Funktion	Wirkung bei Dauerstress
HHNA (Hypothalamus-Hypophyse-Nebennierenrinden-Achse	Steuerung der Hormonreaktion auf Stress	Erhöhte Cortisolwerte
Sympatikus-Nebennieren-mark-Achse	„Kampf/Flucht-System" (Adrenalin)	Daueraktivierung des Körpers

(vgl. Rensing et al. 2006)

Folgen
Die dauerhafte Aktivierung führt zu funktionellen Störungen im Herz-Kreislauf-System, Magen-Darm-Trakt, Immunsystem und dem Nervensystem. Unterschiedliche Organsysteme sind von funktionellen Störungen und strukturellen Veränderungen durch die chronische Aktivierung betroffen, wodurch sich das Risiko für stressbedingte Erkrankungen, wie z. B. Bluthochdruck, Schlafstörungen und Angststörungen erhöht.

Patienten stellen sich oft aufgrund von körperlichen Beschwerden vor, die für sie zunehmend unangenehm sind und im Extremfall als nicht mehr zu ertragen angesehen werden (vgl. von Känel et al. 2011, 25 f.).

Ärzte haben dabei die Aufgabe, den richtigen Blickwinkel auf die Ursache der Symptome zu haben, da diese im Fall eines Burnouts im Zusammenhang mit dem dauerhaften Stress stehen. Die Hormone der Hypothalamus-Hypophysen-Nebennierenrinden-Achse können somit Indikatoren dafür sein, dass eine Person unter körperlicher oder seelischer Belastung steht.

Und was passiert in der Psyche?
Auch psychisch zeigt sich ein Burnout facettenreich.

Häufige psychische Symptome sind
- Emotionale Erschöpfung
- Gefühl von Sinnlosigkeit
- Depersonalisierung (Gleichgültigkeit und innere Leere)
- Rückzug und Isolation
- Reduziertes Selbstwertgefühl
- Konzentrations- und Gedächtnisprobleme

(vgl. Freudenberger/North 1992, 12)

Körper und Psyche im Zusammenspiel
Wenn ein Stressor auftritt, versucht jeder Mensch durch psychische und physische Copingstrategien ein Gleichgewicht wieder herzustellen und mit dem Stress umzugehen. Wenn dies nicht gelingt, bleibt dem Körper nur noch der Alarmmodus in Verbindung mit einem dauerhaften Cortisolspiegel und verstärkten körperlichen und psychischen Symptomen.

4.2   Abgrenzung zu anderen psychischen Störungen

Burnout ist nicht immer leicht von anderen psychischen Störungen wie etwa Depressionen und Angststörungen abzugrenzen. Warum ist eine genaue Diagnose so wichtig und worin liegen die Unterschiede?

Wie bedeutend die Abgrenzung zu anderen psychischen Störungen ist, verdeutlicht die Herausforderung die unterschiedlichen Erscheinungsformen und Auswirkungen psychischer Erkrankungen in der medizinischen Diagnostik richtig einzuordnen. Dies ist eine Grundvoraussetzung, um die geeignete Form der Hilfe einzuleiten und passende Interventionen anzubieten. Symptome und Merkmale müssen daher zu Beginn von Fachpersonal identifiziert und analysiert werden, um Betroffene im Hilfeprozess richtig zu unterstützen und sicherzugehen, dass es zu keiner falschen Diagnose kam.

Burnout vs. Depressionen

Burnout-Betroffene	Depressive Personen
Immer verbunden mit einer beruflichen Belastung (vgl. Elsässer/Sauer 2013, 25)	Nicht unbedingt mit dem Beruf verbunden
Eine über Monate anhaltende Erschöpfung (vgl. von Känel 2008, 480 f.)	Niedergeschlagenheit, Interessenverlust und Freudlosigkeit sowie ein reduzierter Antrieb über einen Zeitraum von mindestens zwei Wochen (vgl. ebd., 480 f.)
Klare Ideen und Vorstellungen, wie Sie Ihre komplette Energie nutzen würden, aber nicht können, da ein tiefgreifender Erschöpfungszustand besteht Depersonalisierung und distanzierte Haltung gegenüber Klienten und Kollegen (vgl. ebd., 481)	Generell durchgehend niedergeschlagen, antriebslos und allgemein unzufrieden im Leben. Depressive Personen können im Gegensatz zu Burnout betroffenen nicht konkret bestimmen, wie sie ihren Alltag neugestalten würden, wenn sie wieder mehr Energie hätten (vgl. ebd., 481)

Krankheiten, die im Folgenden aufgeführt sind, können Symptome zeigen, die denen eines Burnouts ähneln. Daher ist es wichtig, diese Erkrankungen gemäß den Empfehlungen des HTA-Berichts des Deutschen Instituts für Medizinische Dokumentation und Information differentialdiagnostisch zu überprüfen.

Somatische Ursachen, die ein Burnout ähnliches Erscheinungsbild zeigen können sind

Anämien, Eisenmangel, Hypothyreose, Diabetes, Nebenniereninsuffizienz, Herzinsuffizienz, Niereninsuffizienz, Borreliose, HIV, Tuberkulose, Lymphome, Leukämien, entzündliche Systemerkrankungen, degenerative Erkrankungen des ZNS, Restless-Legs-Syndrom und Medikamentennebenwirkungen (vgl. Korzak/ Kister/ Huber 2010, 23).

Auch psychosomatische und psychiatrische Störungen wie das Chronic-Fatigue-Syndrom, depressive Störungen, generalisierte Angsterkrankungen, posttraumatische Belastungsstörungen, Essstörungen sowie Drogenkonsum können ähnliche Symptome wie ein Burnout verursachen (vgl. ebd., 23).

Im Kontext von Angststörungen können die Symptome von Burnout ebenfalls zu Ängsten führen, die jedoch ihren Ursprung in arbeitsbezogenen Stressoren haben. Eine genaue Diagnostik, die das Umfeld und die spezifischen Auslöser betrachtet, ist daher essenziell, um den korrekten und geeigneten therapeutischen Ansatz wählen und bestimmen zu können.

Ärzte und Ärztinnen müssen bei der Diagnose daher besonderes Feingefühl beweisen und auch die Behandlung individuell abstimmen (vgl. Kampfhammer 2012, 1286).

4.3   Diagnose von Burnout

Burnout ist ein Zustand von tiefster Erschöpfung. Ihn eindeutig zu diagnostizieren, stellt eine Schwierigkeit in der Medizin dar. Bis heute gibt es keine eindeutigen Parameter anhand derer ein Burnout sicher festgestellt werden kann. Ärzte und Ärztinnen greifen auf eine Kombination von Erfahrung, Beobachtung und Selbstberichten der Betroffenen zurück und haben ihr Augenmerk auf den typischen Anzeichen:

- Anhaltende emotionale, mentale und körperliche Erschöpfung
- Emotionale Distanzierung gegenüber der Arbeit
- Rückgang der beruflichen Leistungsfähigkeit

Burnout entspricht somit einem chronischen Erschöpfungszustand. Eine Diagnose wird jedoch schwierig, da das Syndrom im ICD-10 nicht als Krankheit, sondern lediglich als Störung geführt wird. Daher ist eine Burnout-Diagnose theoretisch nicht möglich (vgl. Elsässer/Sauer 2013, 8 f.). Diagnosen können zu schnell und falsch gestellt werden. In der Praxis kann es passieren, dass:

- Eine depressive Phase fälschlicherweise als Burnout interpretiert wird.
- Oder umgekehrt ein tatsächlicher Burnout fälschlicherweise als Depression gedeutet und behandelt wird, auch unter Einsatz von Medikamenten.

Das Maslach Burnout Inventory (MBI)
Das gängigste Instrument zur Beurteilung und Einschätzung von Burnout ist das Maslach Burnout Inventory. Es ist ein Fragebogen zur Selbsteinschätzung, den Betroffene ausfüllen sollen.

Die vier gemessenen Bereiche
1. Emotionale Erschöpfung
2. Depersonalisierung
3. Persönliche Leistungsfähigkeit
4. Involviertheit

Das MBI liefert keine objektiven Messwerte, sondern zeigt nur Tendenzen. Daher ist es wichtig, das Ergebnis des Fragebogens immer in Verbindung mit Gesprächen mit Betroffenen und Beobachtungen zu begleiten. Konkreter werden beim MBI arbeitsbezogene Emotionen und Gedanken bewertet. Ein Vorteil des Verfahrens ist seine Effizienz, da die Auswertung nur etwa 10 min dauert. Es gilt außerdem als sehr zuverlässig.

Fragebogen zum MBI
(Klassifizierung: ER = Erschöpfung. DP = Depersonalisation. PE = Persönliche Erfüllung. IV = Involviertheit).

1. Ich fühle mich durch meine Arbeit ausgebrannt. (ER)
2. Der direkte Kontakt mit Menschen bei meiner Arbeit belastet mich zu stark. (ER)
3. Den ganzen Tag mit Menschen zu arbeiten, ist für mich wirklich anstrengend. (ER)
4. Ich fühle mich von den Problemen meiner Klienten persönlich betroffen. (IV)

5. Ich glaube, dass ich manche Patienten so behandle, als wären sie unpersönliche „Objekte". (DP)
6. Ich fühle mich durch meine Arbeit emotional erschöpft. (ER)
7. Ich habe das Gefühl, dass ich durch meine Arbeit das Leben anderer Menschen positiv beein-flusse. (PE)
8. Ich bin in guter Stimmung, wenn ich intensiv mit meinen Klienten gearbeitet habe. (PE)
9. Ich glaube, dass ich nicht mehr weiter weiß. (ER)
10. Bei der Arbeit gehe ich mit emotionalen Problemen ziemlich gelassen um. (PE)
11. Ich habe ein unbehagliches Gefühl wegen der Art und Weise, wie ich manche Klienten behandelt habe. (IV)
12. Am Ende eines Arbeitstages fühle ich mich verbraucht. (ER)
13. Es ist leicht für mich, eine entspannte Atmosphäre mit meinen Klienten herzustellen. (PE)
14. Ich fühle mich wieder müde, wenn ich morgens aufstehe und den nächsten Arbeitstag vor mir habe. (ER)
15. In vieler Hinsicht fühle ich mich ähnlich wie meine Klienten. (IV)
16. Ich fühle mich sehr tatkräftig. (PL)
17. Ich gehe ziemlich erfolgreich mit den Problemen meiner Klienten um. (PE)
18. Ich habe das Gefühl, dass ich an meinem Arbeitsplatz zu hart arbeite. (ER)
19. Ich fühle mich durch meine Arbeit frustriert. (ER)
20. Ich habe das Gefühl, dass Klienten mir die Schuld für einige ihrer Probleme geben. (DP)
21. Ich habe in meiner Arbeit viele lohnenswerte Dinge erreicht. (PE)
22. Ich befürchte, dass diese Arbeit mich emotional verhärtet. (DP)
23. Es fällt mir leicht, mich in meine Klienten hineinzuversetzen. (PE)
24. Es macht mir nicht wirklich viel aus, was mit manchen Klienten passiert. (DP)
25. Seitdem ich diese Arbeit ausübe, bin ich gefühlsloser im Umgang mit anderen Menschen geworden. (DP)

(vgl. Büssing/Perrar)

Fazit: Keine Schnellschüsse bei der Diagnose

Burnout ist nicht eindeutig messbar. Diagnosen sollten auf einer gründlichen Abwägung der Symptome, möglichen Ursachen und des persönlichen Umfeldes basieren. Das Maslach Burnout Inventory kann dabei helfen, erste Tendenzen auf emotionale Erschöpfung, Depersonalisation und reduzierte Leistungsfähigkeit zu erkennen. In Kombination mit persönlichen Gesprächen mit den Betroffenen und genauen Beobachtungen aus dem Alltag lassen sich belastende Faktoren und individuelle Ausprägungen konkreter erfassen, sodass Diagnosen fundierter gestellt werden können.

Prävention und Intervention in der Führungsrolle

Führungskräfte stehen im sozialen Sektor vor der täglichen Herausforderung, nicht nur fachlich, sondern auch menschlich Verantwortung zu übernehmen. Zur menschlichen Verantwortung zählt auch, die psychische Gesundheit des gesamten Teams im Auge zu behalten. Bei psychischen Erkrankungen und besonders Burnout ist es sehr wichtig rechtzeitig einzugreifen und Unterstützung einzuleiten.

Burnout ist dabei nicht nur ein gesundheitliches, sondern auch ein wirtschaftliches Thema: Steigende Fehlzeiten, Frühverrentung und eine abnehmende Arbeitsqualität verursachen Kosten und belasten die internen Abläufe. Besonders im sozialen Sektor, der sowieso schon unter Fachkräftemangel leidet, sind gesunde Mitarbeitende essenziell.

Warum ist Früherkennung entscheidend
Burnout entwickelt sich in einem schleichenden Prozess, oft über mehrere Monate hinweg. Um gesundheitliche Langzeitfolgen zu verhindern, heißt die Devise: „Je früher, desto besser".

Warnsignale gilt es zu erkennen und richtig zu deuten und frühestmögliche Hilfe anzubieten. Ein effektives Monitoring der psychischen Gesundheit innerhalb der Organisation kann dazu beitragen, Burnout-Risiken frühzeitig zu identifizieren und präventive Maßnahmen zu ergreifen.

Führungskräfte beeinflussen den Arbeitsalltag des Teams unmittelbar und sind damit in einer Schlüsselrolle, wenn es um die Prävention, Erkennung, und Intervention bei Burnout geht. Das Vorleben einer gesunden Arbeitskultur und Kommunikation durch die Verantwortlichen sind dabei essenziell.

Zusätzlich sollte ein Bewusstsein für die individuellen Stressoren im Arbeitsalltag entwickelt werden. Die Verantwortung hierzu betrifft nicht nur die Führungsebene. Auch Mitarbeitende sollten ihre Arbeitsbedingungen konkret

M. H. Dahm und F. A. Adams, *Burnout im sozialen Sektor erkennen, verhindern und achtsam führen,* essentials, https://doi.org/10.1007/978-3-658-50285-0_5

untersuchen und analysieren, ob Faktoren vorhanden sind, die Stress verursachen können.

Warnsignale, die Führungskräfte bei ihren Mitarbeitenden ernst nehmen sollen

Bereich	Typische Hinweise
Kognition	Vergesslichkeit, Konzentrationsprobleme, höhere Fehlerquote als früher
Emotionen	Reizbarkeit, Weinkrämpfe, übermäßige Frustration, emotionale Leere
Sozialverhalten	Rückzug, soziale Isolation, Distanz zum Team, Desinteresse an Teamevents
Arbeitsverhalten	Leistungsabfall, mangelhaftes Zeitmanagement, Stress und Hetze, keine Prioritätensetzung
Körperliche Symptome	Häufige Kopfschmerzen, Schlafprobleme, Magen-Darm-Beschwerden, Infektanfälligkeit

Hinweis für Führungskräfte Die Symptome treten oft in Kombination auf und können unterschiedlich stark sein. Gibt es Veränderungen im Verhalten der Teammitglieder?

Checkliste: Frühwarnzeichen von Burnout bei Mitarbeitenden erkennen
Diese Checkliste kann Führungskräften helfen, typische Burnout-Signale frühzeitig zu erkennen.

- Mitarbeitende wirken häufig erschöpft und antriebslos.
- Die Arbeitsqualität oder Arbeitsmenge nimmt deutlich ab.
- Emotionale Distanz im Umgang mit Klienten.
- Rückzug aus sozialen Interaktionen und Teammeetings.
- Vermehrte Fehltage und Krankmeldungen.
- Gereiztheit und Überempfindlichkeit.
- Fehlende Motivation und kein Interesse an Weiterentwicklung.
- Möglicherweise Hinweise auf Schlafprobleme, Stress und Selbstzweifel.
- Gestiegener Konsum von Kaffee und Rauschmitteln.
- Das Team äußert sich ebenfalls besorgt.

Treffen mehrere Aussagen zu, bietet es sich an, ein vertrauliches Gespräch mit den betreffenden Mitarbeitenden zu führen und Unterstützung anzubieten.

Leitfaden für ein niedrigschwelliges unterstützendes Gespräch
1. **Beobachtungen sachlich schildern:**
   - „Mir ist aufgefallen, dass Sie müder als sonst wirken und sich zurückziehen."
2. **Vertrauen schaffen:**
   - „Das Gespräch ist vertraulich. Wir wollen gemeinsam eine Lösung finden."
3. **Offene Fragen stellen:**
   - „Wie geht es Ihnen momentan mit der Arbeit?"
4. **Unterstützung anbieten:**
   - „Wie würden Sie gerne entlastet werden? Welche Dinge kann ich ändern?
5. **Nächste Schritte klären:**
   - z. B. Anpassung der Aufgaben und Arbeitszeiten, gemeinsame Reflexion in einer Woche

Hinweise zum Gespräch
Es ist dabei wichtig, sich Zeit zu nehmen, empathisch zu reagieren und ein ausgewogenes Nähe-Distanz-Verhältnis zu wahren. Dabei müssen sowohl innerbetriebliche Bedingungen als auch Belastungen außerhalb der Arbeit berücksichtigt werden. Menschen geraten oft durch eine Kombination aus familiären und beruflichen Belastungen an ihre Grenzen, weshalb es wichtig ist, beide Bereiche zu betrachten.

5.1 Präventive Maßnahmen im Arbeitskontext

Die Verantwortlichkeit von Führungskräften im sozialen Sektor ist durch die Anforderungen, eine gesunde Balance zwischen Betriebszielen und der Sorge um das Wohlergehen ihrer Mitarbeitenden zu schaffen, sehr hoch. Diese doppelte Verantwortung ist gerade relevant, wenn es um die Burnout-Prävention geht. Führungskräfte haben dabei einen erheblichen Einfluss auf die psychische Gesundheit im Team. Das positive Vorbild der Führungskraft im Hinblick auf das Vorleben einer gesunden Work-Life-Balance, dem ziehen klarer Grenzen zwischen Beruf und Privatleben sowie den achtsamen Umgang mit Belastungen, überträgt sich im förderlichen Maße auf die Mitarbeitenden.

Zentrale Erkenntnis Positives Führungsverhalten, Wertschätzung, Beteiligung, Kommunikation auf Augenhöhe und wirkliches Interesse an den Mitarbeitenden wirken stark präventiv auf die Entwicklung von Burnout. Mitarbeitergesundheit ist Führungsaufgabe.

Wichtige Bausteine der Burnout-Prävention im Führungsalltag

1. **Anerkennung und Feedbackkultur**
   - Warum es so wichtig ist: Mangelnde Wertschätzung gehört mit zu den häufigsten Auslösern von Burnout.
   - Konkrete Maßnahmen:
     - Erfolge würdigen und sichtbar machen
     - Regelmäßig konstruktive Rückmeldung geben
     - Nicht nur bei Fehlern Feedback geben, sondern auch bei Fortschritten
     - Individuelle Stärken gezielt ansprechen

2. **Klare Rollen und Verantwortungsbereiche**
   - Warum es so wichtig ist: Rollenkonflikte können Unsicherheiten und Stress erzeugen.
   - Konkrete Maßnahmen:
     - Aufgaben und Zuständigkeiten schriftlich festhalten
     - Zuständigkeiten bei Veränderungsprozessen frühzeitig klären
     - Raum für Klärungsbedarf und Rückfragen schaffen
     - Klare Schnittstellen zu anderen Bereichen definieren

3. **Partizipation und Mitbestimmung**
   - Warum es so wichtig ist: Selbstwirksamkeit wird durch aktive Beteiligung gefördert.
   - Konkrete Maßnahmen:
     - Mitarbeitende in Entscheidungen mit einbeziehen
     - Ideen gemeinsam entwickeln
     - Vorschläge ernst nehmen und transparent mit Rückmeldungen umgehen

4. **Gesunde Arbeitsbedingungen schaffen**

Bereich	Präventive Maßnahme
Arbeitsumgebung	Lärmschutz, Tageslicht, angenehme Raumtemperatur
Organisation	Klare Arbeitsabläufe, realistische Zeitvorgaben
Arbeitsinhalte	Vielfältige Aufgaben, Gestaltungsspielraum
Flexibilität	Homeoffice wenn möglich, Gleitzeit, Teilzeitoptionen, Work-Life-Balance
Gesundheitsförderung	Sportangebote, Ruhezonen, Rückzugsbereiche
Gehalt	Faire Löhne und Sozialleistungen
Zwischenmenschlicher Umgang	Respekt, persönliche Anerkennung

Die Rolle vom Betrieblichen Gesundheitsmanagement (BGM)
Ein wichtiger präventiver Aspekt ist die Einführung von Betrieblichem Gesundheitsmanagement, BGM hat nicht nur den Zweck der Krankheitsvermeidung, sondern schafft eine gesundheitlich fördernde Umgebung für Mitarbeitende. Betriebliche Abläufe und Rahmenbedingungen sollten so angepasst werden, dass die psychische und physische Gesundheit der Mitarbeitenden berücksichtigt und geschont wird.

Bestandteile eines guten BGM
- Regelmäßige anonyme Mitarbeiterbefragen
- Evaluation von psychischen Belastungen am Arbeitsplatz
- Workshops zum Thema Stressbewältigung
- Hinzuziehen von externen Gesundheitsberatungen
- Maßnahmen zur Stärkung von Gesundheit und Wohlbefinden (z. B. Betriebssport, Kantinenangebote, höhenverstellbare Tische)

Wichtig BGM sollte nicht nur ein kurzzeitiges Projekt sein, sondern dauerhaft in Unternehmensstrukturen integriert werden.

Starke Führungskräfte durch Weiterbildung und Schulung
Nicht zu unterschätzen ist die Sicherheit von Führungskräften in ihrer Rolle als Vorgesetzte. Aufgrund der hohen Verantwortung für ihre Mitarbeitenden sollten Führungskräfte speziell geschult werden, um selbst psychisch belastbarer zu sein und auch in belastenden Situationen richtig auf das Team eingehen zu können. Deshalb sollten sie:

- Regelmäßig an Workshops und Seminaren zu gesundheitsförderlichen Führungsverhalten und Resilienz teilnehmen
- Selbst an Supervision teilnehmen und eigene Belastungen reflektieren

Checkliste: Burnout-Prävention durch vorbildliche Führung
Diese Checkliste kann Führungskräften helfen, um präventiv eine gesunde Arbeitsumgebung für die Mitarbeitenden zu gestalten.

- Ich fördere einen offenen und wertschätzenden Umgang.
- Ich erkenne Leistung und Engagement aktiv an.
- Ich plane regelmäßige Gespräche mit dem Team und einzelnen Mitarbeitern ein.
- Ich ermögliche flexible Arbeitszeiten.

- Ich sorge dafür, dass die Arbeitslast fair verteilt wird.
- Ich spreche das Thema Gesundheit im Alltag aktiv an.
- Ich fördere eine aktive Feedbackkultur.
- Ich reflektiere meinen eigenen Führungsstil.
- Ich organisiere Workshops und Seminare zur Stärkung von Resilienz.
- Ich greife bei Konflikten rechtzeitig und lösungsorientiert ein.

Fallbeispiel Früh erkannt und schnell gehandelt

Ausgangslage
Jonas ist Sozialarbeiter in einer Beratungsstelle für Familien. Er ist bekannt für seine Verlässlichkeit, eine ruhige Art und eine hohe Einsatzbereitschaft. Steigende Fallzahlen und komplexe Problemlagen haben in den letzten Monaten dazu geführt, dass sich die Arbeit spürbar verdichtet hat.

Beobachtungen im Team
Jonas eröffnet im wöchentlichen Teammeeting, dass er sich immer erschöpfter fühle und der starke Druck ihn sehr belaste. Andere Mitglieder des Teams berichten, dass es ihnen ähnlich ginge. Die Teamleitung greift das Thema aktiv auf.

Präventives Handeln der Führungskraft
Die Teamleitung organisiert kurzfristig eine Supervision. Ergebnis ist, dass sich mehrere Teammitglieder an ihrer Belastungsgrenze befinden. Die Teamleitung wartet nicht weiter, sondern geht proaktiv vor.

Maßnahmen
- Anonyme Kurzbefragung zum Belastungsgrad und der Ursache
- Gemeinsame Überarbeitung der Prioritäten
- Zeitweise Fallbegrenzung in Absprache mit dem Träger
- Einführung von Mikro-Pausen
- Anbieten eines Achtsamkeitstraining durch eine externe Fachstelle

Ergebnis
Schon kurze Zeit später zeigt sich eine positive Veränderung im Teamklima. Jonas nutzt regelmäßige Pausen bewusster und fühlt sich durch die Maßnahmen entlastet und gehört. Die Offenheit im Team hat auch zugenommen. Die frühe Intervention verhindert eine Eskalation und negative Langzeitfolgen bei Jonas und den anderen Mitarbeitenden.

5.2   Interventionsstrategien bei Burnout

Für den Fall, dass Mitarbeitende schon deutliche Anzeichen eines Burnouts zeigen, ist eine aufmerksame und achtsame Haltung und das richtige Fingerspitzengefühl von Führungskräften gefragt. Wichtig dabei ist, schnell zu reagieren und überlegt zu handeln.

Anzeichen ernst nehmen
Ist ein Teammitglied sichtbar verändert, häufiger krank, wirkt abwesend und gereizt, bietet es sich an, vorsichtig nachzufragen, ob alles in Ordnung sei. Gibt es einen Weg, den Mitarbeitenden zu schonen, damit eine vollkommene Erholung stattfinden kann und liegt die Ursache möglicherweise in der Arbeit? Die Führungskraft kann durch den richtigen Blick und die richtigen Fragen, die Intervention einleiten.

Ursachen verstehen
Es sollte genau überprüft werden, was der Auslöser für die Belastung ist, und es hilft gemeinsam hinzuschauen. Was stresst konkret? Was kann im Arbeitsalltag verändert werden? Möglicherweise sind unklare Rollen, Überforderung oder ein schlechtes Teamklima ein Auslöser.

Entlastung anbieten
Wichtig dabei ist, dass ein Burnout meistens auf der persönlichen und institutionellen Ebene stattfindet. Dies verdeutlich nochmal, dass Menschen sehr unterschiedlich sind und jeder anders mit Belastung umgeht. Daher ist es wichtig, individuell auf Betroffene einzugehen und die Arbeit so anzupassen, dass eine deutliche Entlastung spürbar ist.

Nicht einfach ersetzen
Um es sich einfach zu machen, nehmen Führungskräfte belastete Mitarbeitende gerne einfach aus dem Team und ersetzen diesen durch jemand Neues. Dies ist wenig sinnvoll, da die Problematik lediglich verlagert wird. Die Person, die ausgetauscht wird, hat oftmals die größte Arbeitsbelastung. In dem Fall ist es nur eine Frage der Zeit, bis sich beim Neuzugang Symptome von Überbelastung zeigen. Besser ist es Aufgaben neu zu verteilen und Teamstrukturen zu überdenken.

Team einbinden

Offenheit im Team ist ein wichtiger Aspekt. Es liegt in der Verantwortung der Führungskraft das Thema Burnout zu enttabuisieren, um offen über Belastungen und Überforderung zu sprechen und eine permanente Verbesserung der Arbeitsumstände anzustreben.

Vorbildfunktion

Das Verhalten als Führungskraft hat große Auswirkungen. Klare Kommunikation, ein respektvolles Miteinander und ernst gemeinte Fürsorge sollten großgeschrieben werden.

Auch an sich denken

Nur wer selbst stark und stabil bleibt, kann gut führen. Die eigene Rolle reflektieren, in den Austausch gehen und sich selbst Hilfe durch Supervision und Coaching holen.

Merke Burnout ist zumeist nicht das Problem einzelner, sondern ein Zeichen dafür, dass sich etwas in der Organisation ändern muss. Führungskräfte können den Unterschied schaffen.

Reflexionsfragen, die sich eine Führungskraft stellen sollte
- Was fehlt in meinem Führungsverhalten?
- Was kann ich tun, um Mitarbeitende zu entlasten?
- Wie kann ich meine Führungskompetenzen verbessern?
- Welche Grundsätze des Führens könnte ich überdenken?
- Was muss ich tun, um gesundheitsförderlicher zu führen?
- Ist die Etablierung oder ein Ausbau des BGM notwendig?
- Wie kann das Team stärker in die Prävention von Stress und Burnout einbezogen werden?

5.3   Fallbeispiel: „Die Engagierte am Limit" Warnzeichen erkennen

Ausgangslage

Sandra arbeitet seit sechs Jahren als Sozialpädagogin in der Kinder- und Jugendarbeit. Sie gilt als sehr engagiert, übernimmt viele Zusatzaufgaben und wird im Team geschätzt. Die Kinder und Jugendlichen beschreibt sie als „ihre Leute". Seit einiger Zeit zeigen sich jedoch Veränderungen.

Beobachtungen im Team

Kolleginnen berichten, dass Sandra häufiger gereizt reagiert, nicht zu Meetings erscheint und zunehmend zynisch über die Arbeit spricht. Ihre Fallzahlen sind überdurchschnittlich hoch. Sie wirkt erschöpft, zieht sich immer mehr zurück und lacht kaum noch. Krankmeldungen häufen sich.

Reaktion der Führungskraft

Die Teamleitung bemerkt die Veränderungen bei Sandra, zögert jedoch aus Respekt mit dem Gespräch, da sie Sandra sehr schätzt und Angst vor Ablehnung hat. Erst bei einer Supervision bringt ein Kollege das Thema offen zur Sprache. Die Supervisorin spricht gezielt an, ob das Team die Überlastung bei Sandra sieht.

Persönliches Gespräch

In einem Einzelgespräch schildert Sandra schließlich, dass sie sich ausgelaugt und leer fühle, nachts nicht mehr schlafen könne und ihr die Arbeit keinen Spaß mehr mache. Sie empfindet alles als zu viel, möchte aber ihr Team nicht im Stich zu lassen.

Maßnahmen
- Reduzierung von Sandras Fallzahlen
- Coaching zur emotionalen Entlastung
- gemeinsam mit Sandra eine medizinische Abklärung der Symptome
- Übergangsregelung im Team schaffen und Sensibilisierung für Prävention
- Führungsverhalten in einer Supervision reflektieren

Reflexionsfragen zum Fall
- Welche Warnzeichen hätte man früher wahrnehmen können?
- Warum zögern Führungskräfte oft mit der Intervention?
- Was war hilfreich am Vorgehen der Teamleitung und was hätte anders laufen können?
- Welche strukturellen Rahmenbedingungen im Träger begünstigen Burnout?
- Wie kann das Team resilienter und achtsamer agieren?

5.4 Exkurs Stressreduktionsmaßnahmen

Im hektischen Alltag ist es immer von Vorteil, nützliche Methoden zur Stressbewältigung zu kennen. Führungskräfte sollten die Methoden nicht nur verinnerlichen, sondern mit gutem Beispiel vorangehen und Stressreduktionsmaßnahmen auch in die Praxis integrieren und, wenn sinnvoll, gemeinsam mit dem Team durchführen.

Natur für mehr innere Ruhe
Zeit in der Natur verbringen, umgeben von Wald und Bäumen, stärkt das Körperbewusstsein und verbessert die innere Ruhe, während gleichzeitig die Aufmerksamkeit und Konzentrationsfähigkeit erhöht werden. Naturerlebnisse haben eine positive Wirkung auf unser Wohlbefinden. Arbeitsplätze sollten möglichst grün gestaltet werden und Naturbilder an der Wand angebracht sein, da diese einen positiven Effekt auf unser Wohlbefinden haben. Mittagspausen sollten in einer grünen Umgebung verbracht werden, da dadurch der permanenten Reizüberflutung entgegengewirkt wird, die Laune sich verbessert und der grüne Effekt auch positiv auf unsere Gedächtnisleistung wirkt (vgl. Mommert-Jauch 2022, 7 ff.).

Hunde dürfen mit ins Büro
Die Einbindung von Tieren findet nicht ohne Grund immer mehr Anwendung im therapeutischen Kontext. Wer ein Tier zu Hause hat, kennt es mit Sicherheit. Die Anwesenheit von Tieren wirkt beruhigend auf uns Menschen. Das zeigt sich z. B. durch die Senkung der Stresshormone im Körper. Stress und belastende Situationen wirken durch die Anwesenheit von Tieren weniger bedrohlich auf Menschen (vgl. Odendaal 1999).

Sport
Sport ist eine sehr effektive Methode zur Stressbewältigung. Stresshormone werden abgebaut und die Stimmung hebt sich. Bewegung erhöht die Produktion von Endorphinen. Dies führt letztendlich zu einer verbesserten Stimmung und einer Verringerung von Stress.

Achtsamkeit und Meditation
Achtsamkeit und Meditation sind zusätzliche hochwirksame Methoden gegen Stress. Durch Achtsamkeitsübungen lernt man, die Gedanken und Gefühle bewusst wahrzunehmen und zu akzeptieren, ohne sie zu bewerten. Kurze Achtsamkeitsübungen, stille Minuten oder gemeinsame Meditationseinheiten helfen dabei. Stress wird frühzeitig erkannt und Gelassenheit gestärkt (vgl. Sonntag 2016, 31 ff.).

10-10-10 Notfallregel
In akuten Stresssituationen hilft die 10-10-10-Notfallregel, um gedanklich Abstand zu gewinnen.
Man stellt sich dabei folgende Fragen:

- Wie würde ich die Situation in 10 Tagen beurteilen?
- Wie würde ich die Situation in 10 Wochen beurteilen?
- Wie würde ich die Situation in 10 Monaten beurteilen?

Diese Übung hilft dabei, die Bewertung der Situation zu überdenken und Stresssituationen zu entschärfen.

Soziale Unterstützung
Ein starkes soziales Netzwerk schützt vor Isolation. Die Unterstützung durch Familie und Freundeskreis spielen eine große Rolle bei der Bewältigung von Stress. Personen mit starken sozialen Netzwerken erleben weniger stressbedingte Symptome und haben eine höhere Resilienz (vgl. Reif et al. 2018, 62).

Zeitmanagement
Effektives Zeitmanagement kann ebenfalls helfen, Stress zu reduzieren. Das Setzen von realistischen Zielen und das Einhalten von Zeitplänen sind dabei besonders nützlich.

Gesunde Ernährung
Eine gesunde und ausgewogene Ernährung hat einen positiven Einfluss auf die Stressbewältigung (vgl. Reif 2018, 109). Gesunde Pausensnacks, gemeinsames Essen im Team unterstützt die allgemeine Gesundheit und kann so die Widerstandsfähigkeit gegenüber Stress erhöhen.

Kleine Pause mit großer Wirkung
In den meisten Arbeitsbereichen fehlt es nicht an Belastungen, sondern an Gelegenheiten, um kurz runterzukommen und in sich zu gehen. Bereits 30–60 s bewusste Unterbrechung der Arbeit reichen aus, um das Stresslevel messbar zu senken. Führungskräfte als auch Mitarbeitende können kleine Pausen aktiv für sich nutzen.

Was sind Mikro-Erholungsinseln?

Mikro-Erholungsinseln sind kurze, aber intensive Pausen, die Rhythmus in den Tag bringen sollen, ohne den Arbeitsablauf zu stören. Spannung wir dabei abgebaut und der Fokus neu gesetzt.

Beispiele

- 30 s die Augen schließen und dabei tief atmen.
- Reset-Ritual zwischen Terminen oder Arbeitsprozessen z. B. Lüften und aufstehen.
- Eine Minute im Stehen dehnen, nachdem man 60 min am Bildschirm gearbeitet hat.
- Check-in zum Arbeitsbeginn: „Was brauche ich, um heute gut durch den Tag zu kommen?"

Wie kann man kurze Erholungspausen im Teamkontext umsetzen?

Die Einführung von Mikropausen-Routinen kann ohne großen Aufwand viel bewirken.

- Mini-Pausenraum oder Ecke einrichten: z. B. Sessel mit Pflanzenelement
- Team-Reminder einführen: Für alle gibt es um 11 Uhr 90 s digitale Pause (keine Mails, Kein Bildschirm, keine Anrufe)

Warum das wirkt Kurze Pausen sorgen dafür, dass negative Stressmuster unterbrochen werden, fördern dabei die Selbstregulation, was letztendlich die Reizanfälligkeit senkt. Damit kann nicht nur langfristig die Gesundheit verbessert, sondern auch die Beziehung im Team verbessert werden, da allgemein mehr Gelassenheit herrscht.

5.5 Vergleich der Fallbeispiele: Wenn Belastung kippt und wenn nicht

Einleitung

Die beiden Fallbeispiele von Sandra und Jonas zeigen exemplarisch zwei gegensätzliche Verläufe berufsbedingter Überlastung. In einem Fall eskaliert die Belastung schleichend bis zum Beinahe-Burnout, im anderen Fall gelingt eine rechtzeitige Kurskorrektur. Beide Fälle liefern wertvolle Hinweise für Führung und Teamkultur im Umgang mit psychischer Belastung.

Vergleich der Ausgangslage

Aspekt	Fall 1: Jonas	Fall 2: Sandra
Tätigkeit	Familienberatung, komplexe Problemlagen	Kinder- und Jugendarbeit, hohe emotionale Bindung
Engagement	Verlässlich, eher zurückhaltend	Überdurchschnittlich, identitätsnah
Belastungsauslöser	Verdichtete Aufgaben, zunehmende Komplexität	Hohe Fallzahlen, emotionale Erschöpfung

Verlauf der Eskalation/Prävention

Aspekt	Jonas	Sandra
Frühwarnzeichen	Offene Benennung von Erschöpfung im Team	Rückzug, Reizbarkeit, zynische Haltung
Teamwahrnehmung	Gemeinsame Wahrnehmung, kollegiale Resonanz	Schweigen, individuelle Wahrnehmung
Führungsverhalten	Aktives Aufgreifen, lösungsorientiertes Handeln	Zögerliches Handeln aus Unsicherheit
Intervention	Supervision als präventives Format	Einzelgespräch nach Supervision

Schlüsse für die Führungspraxis

- Belastung ist selten plötzlich, aber oft unerkannt. Frühwarnzeichen sind meist vorhanden, doch es ist wichtig hinzuschauen. Die Führungskraft hat die Aufgabe, Muster zu erkennen.
- Offenheit schützt, aber Schweigen schadet. In Fall 2 war es entscheidend, dass Jonas seine Erschöpfung offen ansprechen konnte. Verantwortliche sollte solche Äußerungen ernst nehmen.
- Supervision und kollegiale Beratung sind keine Luxusangebote. Beide Fälle zeigen: Reflexionsräume helfen, Probleme sichtbar zu machen und sie gemeinsam zu lösen.
- Prävention ist Führungsaufgabe: Nicht nur akutes Eingreifen, sondern die bewusste Gestaltung von Rahmenbedingungen (Arbeitsvolumen, Erreichbarkeit, Pausenkultur) ist essenziell.

Impulse für eine moderne und präventive Führungskultur
Mit seinem Werk „Gute Hirten führen sanft" liefert Ulrich Bröckling wertvolle Denkanstöße für einen Führungsstil in dem Fürsorge, Selbststeuerung aber auch sanfte Verhaltenslenkung vereint sind. Der Ansatz kann gerade in Bezug auf die Burnout-Prävention einen wichtigen Beitrag leisten, da er es schafft, die Selbstverantwortung der Mitarbeitenden zu stärken, ohne dabei autoritär aufzutreten.

Nudging: Sanfte Impulse statt Kontrolle
Eines der zentralen Konzepte des Buches ist das Nudging. Nudging ist eine Strategie des sanften Anstupsen, die unser Verhalten oft unterbewusst lenkt. Diese Strategien sollen die individuelle Entscheidungsfreiheit erhalten, aber gleichzeitig hilfreiche Entscheidungen ermöglichen, die der Person zugutekommt. Dabei geht es nicht um Manipulation, sondern darum, die Selbststeuerung der Menschen zu stärken. Dies geschieht ohne einen direkten Zwang, sondern verwendet psychologische Methoden zur Verhaltenslenkung und eine Kontextualisierung.

Grundgedanke Nudging beeinflusst dabei das Verhalten der Mitarbeitenden positiv, wirkt motivierend und achtet die Freiheit des Einzelnen.

Im Kontext der Sozialen Arbeit könnten diese Konzepte wertvolle Ansätze liefern, um das Wohlergehen und die Gesundheit der Mitarbeitenden zu fördern, ohne auf direktive Maßnahmen zurückzugreifen.

M. H. Dahm und F. A. Adams, *Burnout im sozialen Sektor erkennen, verhindern und achtsam führen*, essentials, https://doi.org/10.1007/978-3-658-50285-0_6

Beispiele für Nudging im Arbeitsalltag

1. An Pausenzeiten erinnern:
   z.B. im Teamkalender: „Nimm dir 15 Minuten Pause, du hast es dir verdient."
   → Sanfte Erinnerung, aber keine Anordnung.
2. Gesunde Snacks sichtbar machen:
   Ein Korb mit Obst, Gemüse und gesunden Lebensmitteln lädt mehr zur gesunden Ernährung ein, als eine allgemeine Infomail.
3. Entspannungsecke ohne Pflicht:
   Ein Sessel in einer ruhigen Ecke mit Pflanzen und entspannenden Bildern. Wer möchte, setzt sich.
4. Nudging über Sprache
   Statt Befehle zu geben, sollte man auf Formulierungen achten und Fragen stellen: „Wie möchtest du heute vorgehen?" „Könntest du dir vorstellen, das zu übernehmen?" „Darf ich dir die Aufgabe geben?"
   Eine offene Frage, die Eigenverantwortung fördert und Entscheidungsfreude weckt.

Fazit 7

Burnout und Überlastung sind große und z. T. heiß diskutierte Themen im sozialen Sektor, die vielfach durch viele Emotionen, den Fachkräftemangel und komplexe und für die Arbeitnehmer ungünstige Arbeitsbedingungen entstehen. Führungskräfte spielen dabei eine Schlüsselrolle, können viel verändern und wahre Vorbilder für die Mitarbeitenden sein. Es muss gar nicht erst zum Burnout kommen, wenn ein fürsorglicher, achtsamer und aufmerksamer Führungsstil gelebt wird. Man sollte sich in seiner Rolle als Führungskraft als Wegbegleiter für seine Mitarbeitenden sehen.

Führungskräfte in ihrer Rolle sind auch Mentoren für die Mitarbeitenden. In dieser Rolle sollten sie sich regelmäßig ein Stimmungsbild einholen, um Arbeitsabläufe und die Arbeitsumgebung so anzupassen, dass sich Mitarbeitende wohl fühlen und mit Freude und Energie ihre Arbeit machen.

Führung bedeutet nicht nur überwachen und Anweisungen geben, sondern auch zuhören, unterstützen und gemeinsam an Lösungen arbeiten. Mitarbeitende, die sich wertgeschätzt und verstanden fühlen, haben weniger Stress und sind motivierter.

Wichtig dabei ist, dass es keine Tabus mehr gibt. Überbelastung und Stress sollte ehrlich und offen angesprochen werden. Nur so kann Druck reduziert und dafür gesorgt werden, dass das Team mental stark bleibt. Menschen sollten in den Mittelpunkt gestellt werden. Sie sind das wertvolle und wichtige Kapital des sozialen Sektors und sind unverzichtbar.

Handlungsempfehlungen für Praxis und Politik

Burnout im sozialen Sektor ist nicht nur ein individuelles, sondern auch ein strukturelles und gesellschaftliches Problem. Es betrifft Fachkräfte, Organisationen und letztlich auch die Qualität der sozialen Dienstleistungen. Deshalb braucht es

M. H. Dahm und F. A. Adams, *Burnout im sozialen Sektor erkennen, verhindern und achtsam führen*, essentials, https://doi.org/10.1007/978-3-658-50285-0_7

ein mehrdimensionales Handeln – auf persönlicher, organisatorischer und politischer Ebene.

1. Auf individueller Ebene: Selbstfürsorge stärken
Sozialarbeitende müssen befähigt werden, ihre eigenen Grenzen wahrzunehmen und ernst zu nehmen. Dazu gehören:

- regelmäßige Reflexions- und Supervisionsangebote,
- die Ermutigung, Pausen und Erholungszeiten konsequent einzuhalten,
- Schulungen in Achtsamkeit, Resilienz und Stressbewältigung,
- die klare Botschaft: Selbstfürsorge ist keine Schwäche, sondern Voraussetzung professioneller Arbeit.

2. Auf Teamebene: Eine Kultur der Offenheit schaffen
Burnout-Prävention gelingt besser in einem Umfeld, in dem Belastungen angesprochen werden dürfen. Handlungsempfehlungen sind hier:

- regelmäßige Team-Check-ins, bei denen auch das Wohlbefinden thematisiert wird,
- gemeinsame Entwicklung von Regeln für Erreichbarkeit, Pausenkultur und Arbeitslast,
- Etablierung von niedrigschwelligen Austauschformaten (z. B. kollegiale Beratung),
- Anerkennung und Wertschätzung im Alltag aktiv leben.

3. Auf organisationaler Ebene: Führung bewusst gestalten
Führungskräfte sind Schlüsselfiguren. Für sie bedeutet Burnout-Prävention:

- Belastungen frühzeitig wahrnehmen und klar ansprechen,
- eine faire Aufgabenverteilung sicherstellen,
- flexible Arbeitszeitmodelle ermöglichen,
- die eigene Rolle regelmäßig reflektieren und durch Coaching stärken,
- Betriebliches Gesundheitsmanagement (BGM) nicht als Projekt, sondern als dauerhafte Struktur implementieren.

4. Auf politischer Ebene: Rahmenbedingungen verbessern
Viele Ursachen von Burnout liegen in strukturellen Defiziten: Fachkräftemangel, Unterfinanzierung, fehlende gesellschaftliche Anerkennung. Deshalb braucht es:

- mehr Investitionen in Personal, Strukturen und faire Entlohnung,
- verbindliche Standards für gesunde Arbeitsbedingungen,
- Nachwuchsförderung durch praxisnahe Ausbildungsmodelle, Mentoring-Programme und attraktive Einstiegsgehälter,
- eine klare politische Botschaft, dass soziale Arbeit unverzichtbar ist.

Schlussgedanke

Burnout-Prävention darf nicht allein an den Einzelnen delegiert werden. Sie ist eine gemeinsame Aufgabe von Fachkräften, Teams, Organisationen und Politik. Nur wenn Selbstfürsorge, achtsame Führung und gesunde Strukturen zusammenspielen, kann es gelingen, die wertvolle Arbeit im sozialen Sektor langfristig zu sichern und den Menschen, die sie leisten, Kraft, Sinn und Erfüllung zu geben.

Was Sie aus diesem *essential* mitnehmen können

- Ein geschärftes Bewusstsein für die Mechanismen von Überlastung und Erschöpfung – und ein tieferes Verständnis dafür, warum gerade helfende Berufe besonders gefährdet sind.
- Die Fähigkeit, Warnsignale von Burnout frühzeitig zu erkennen – bei sich selbst wie auch bei Kolleginnen, Kollegen und Mitarbeitenden.
- Ein klareres Bild davon, welche Rolle Führung für Gesundheit und Arbeitskultur spielt – und wie Achtsamkeit und Wertschätzung dabei zu wirksamen Führungsinstrumenten werden.
- Praktische Strategien zur Burnout-Prävention und Intervention, die im Alltag umsetzbar sind und nachhaltig zur Entlastung beitragen.
- Den Mut, über Belastung offen zu sprechen und in Teams eine Kultur des Vertrauens, der Selbstfürsorge und gegenseitigen Unterstützung zu fördern.
- Eine Haltung achtsamer Führung, die Professionalität mit Menschlichkeit verbindet – und dadurch gesunde, tragfähige Arbeitsbeziehungen möglich macht.

Literatur

Alsago, E./Meyer, N. (2023a): Arbeiten am Limit – Burnout-Risiko in der Sozialen Arbeit. Online unter: https://www.verdi.de/themen/arbeit/++co++8a863864-c8b3-11ed-8e7c-001a4a16012a.

Alsago, E./Meyer, N. (2023b): Prekäre Professionalität: Soziale Arbeit und die Coronapandemie. Opladen, Berlin, Toronto: Verlag Barbara Budrich. Online unter: https://doi.org/10.3224/84743031.

Brenssell, A. (2013): Burnout: Ausblendungen; Herrschaftsaspekte und emanzipatorische Perspektiven für die Soziale Arbeit. In: Widersprüche: Zeitschrift für sozialistische Politik im Bildungs-, Gesundheits- und Sozialbereich, 33(128), S. 111–128.

Bröckling, U. (2017): Gute Hirten führen sanft: Über Menschenregierungskünste. Berlin: Suhrkamp Verlag.

Burisch, M. (2014): Das Burnout-Syndrom: Theorie der inneren Erschöpfung - Zahlreiche Fallbeispiele - Hilfen zur Selbsthilfe. 5. Aufl. Berlin, Heidelberg: Springer Verlag.

Büssing A, Perrar KM. (1992): Die Messung von Burnout. Untersuchung einer deutschen Fassung des Maslach Burnout Inventory (MBI-D). Diagnostica 1992; 38: 328–353.

DHS – Deutsche Hauptstelle für Suchtfragen e.V. (2023): DHS Eckpunktepapier zur Finanzierung der Suchtberatung. Online unter: https://www.dhs.de/service/aktuelles/meldung/dhs-eckpunktepapier-zur-finanzierung-der-suchtbera-tung#:~:text=Die%20 rund%201.400%20Suchtberatungsstellen%20in,Jahrzehnten%20eine%20chronische%2-0Unterfinanzierung%20entgegen.

Elsässer, J./Sauer, K.E. (2013): Prävention und Intervention. Burnout in sozialen Berufen: Öffentliche Wahrnehmung, persönliche Betroffenheit, professioneller Umgang. In: Gögercin, S/Sauer K.E. (Hrsg.): Perspektiven Sozialer Arbeit in Theorie und Praxis. Band 2. Freiburg: Centaurus Verlag.

Hickmann, H./Koneberg, F. (2022): Die Berufe mit den aktuell größten Fachkräftelücken. IW-Kurzbericht 67. Online unter: https://www.iwkoeln.de/studien/helen-hickmann-fi-liz-koneberg-die-berufe-mit-den-aktuell-groessten-fachkraefteluecken.html

Kapfhammer, H. (2012): Burnout. In: Internist, 53, S. 1276–1288. Online unter: https://doi.org/10.1007/s00108-012-3067-9

Litzcke, S./Schuh, H./Pletke, M. (2014): Umgang mit Leistungsdruck - Belastungen im Beruf meistern - Mit Fragebögen, Checklisten, Übungen. Berlin, Heidelberg: Springer.

Lohnspiegel.de (2025): Gehaltsvergleich. Online unter: https://www.lohnspiegel.de/gehaltsinfos/index. **WSI/Hans-Böckler-Stiftung.**

Mann, T. (2007): Buddenbrooks. Verfall einer Familie. Rainer K. (Hrsg.), Fischer Taschenbuch Verlag, Frankfurt am Main.

Maroon, I. (2008): Burnout bei Sozialarbeitern und Sozialarbeiterinnen. In: Soziale Arbeit, 05/2008, S. 170–175. Online unter: https://doi.org/10.5771/0490-1606-2008-5-170.

Maslach, C. and Jackson, S.E. (1981): The Measurement of Experienced Burnout. Journal of Organizational Behavior, 2, 99-113.

Max-Planck-Institut o.V. (2015): Der Einfluss von Arbeitsbedingungen auf die psychische Gesundheit. Online unter: https://www.uvb-online.de/de/system/files/downloads_und_vorschaubilder/macht_arbeit_krank_vbw-studie.pdf.

Mommert-Jauch, P. (2022): Embodiment im Stressmanagement. Ein multimodales Kursmanual zur Förderung der Stressbewältigung. Berlin: Springer.

Poulsen, I. (2012): Stress und Belastung bei Fachkräften der Jugendhilfe. Wiesbaden: Springer Verlag.

Pronova BKK (2023): Psychische Gesundheit in der Krise 2023.

Reif, J./Spieß, E./Stadler, P. (2018): Stress bewältigen. In: Reif, J., Spieß, E., Stadler, P. (Hrsg.): Effektiver Umgang mit Stress. Wiesbaden: Springer, S. 101-130.

Rensing L, Koch M, Rippe B et al (2006): Mensch im Stress. Elsevier, München.

Rusch, S. (2019): Stressmanagement. Ein Arbeitsbuch für die Aus-, Fort- und Weiterbildung. Berlin: Springer.

Schaufeli, W. B./Enzmann, D. (1998): The Burnout Companion to Study and Practice: A Critical Analysis. London: Taylor & Francis.

Scherrmann, U. (2015): Stress und Burnout in Organisationen: Ein Praxisbuch für Führungskräfte, Personalentwickler und Berater. Berlin: Springer-Verlag.

Scherrmann, U. (2017): Erste Hilfe bei Burnout in Organisationen: Ein Ratgeber für Führungskräfte und Personalverantwortliche. Wiesbaden: Springer.

Shakespeare, W. (2012): Hamlet. Mowat, Barbara A.; Werstine, Paul, (Hrsg.). Folger Shakespeare Library, New York.

Shakespeare, W. (2013): Macbeth. Mowat, Barbara A.; Werstine, Paul, (Hrsg.). Folger Shakespeare Library, New York.

Slabbert, J. M., & Odendaal, J. S. J. (1999): Early prediction of adult police dog efficiency—a longitudinal study. Applied Animal Behaviour Science, 64(4), 269–288.

Sonntag, A. (2016): Stressbewältigung durch Meditation. In: Stressbewältigung durch Meditation. Wiesbaden: Springer.

Ver.di o.V. (2023): Arbeiten am Limit. Burnout-Risiko in der Sozialen Arbeit. Online unter: https://www.verdi.de/themen/arbeit/++co++8a863864-c8b3-11ed-8e7c-001a4a16012a

Von Känel, R. (2008): Das Burnout-Syndrom: eine medizinische Perspektive. In: Praxis, 97(9), S. 477–487. Online unter: https://doi.org/10.1024/1661-8157.97.9.477.

Von Känel, R./Ehlert, U. (Hrsg.) (2011): Psychoendokrinologie und Psychoimmunologie. Berlin, Heidelberg: Springer.

Weiss, L. (2020): Burnout From an Organizational Perspective. Online unter: https://ssir.org/articles/entry/burnout_from_an_organizational_perspective.

Zoike, E. (2010): Zunahme der psychischen Erkrankungen bei Beschäftigten. Statistische Ergebnisse und Präventionsansätze der Krankenkassen. In: Keupp, H., Dill, H. (Hrsg.): Erschöpfende Arbeit. Gesundheit und Prävention in der flexiblen Arbeitswelt. Bielefeld: Transcript, S. 61–76.

If you have any concerns about our products,
you can contact us on
ProductSafety@springernature.com

In case Publisher is established outside the EU,
the EU authorized representative is:
Springer Nature Customer Service Center GmbH
Europaplatz 3, 69115 Heidelberg, Germany

Printed by Libri Plureos GmbH
in Hamburg, Germany